THÉOPHILE GAUTIER

LA NATURE

CHEZ ELLE

LA
MÉNAGERIE INTIME

PARIS

BIBLIOTHÈQUE - CHARPENTIER

11, RUE DE GRENELLE, 11

1891

LA NATURE

CHEZ ELLE

ET

MÉNAGERIE INTIME

ŒUVRES DE THÉOPHILE GAUTIER

PUBLIÉES DANS LA BIBLIOTHÈQUE-CHARPENTIER

à 3 fr. 50 le volume.

POÉSIES COMPLÈTES (1830-1872).......................... 1 vol.
ÉMAUX ET CAMÉES. Édition définitive, ornée d'une eau-forte
    par J. JACQUEMART............................. 1 vol.
MADEMOISELLE DE MAUPIN (Édition définitive)............ 1 vol.
LE CAPITAINE FRACASSE. Édition définitive............... 2 vol.
LE ROMAN DE LA MOMIE................................... 1 vol.
SPIRITE, nouvelle fantastique.......................... 1 vol.
VOYAGE EN RUSSIE....................................... 1 vol.
VOYAGE EN ESPAGNE (Tras los montes).................... 1 vol.
VOYAGE EN ITALIE (Italia).............................. 1 vol.
ROMANS ET CONTES....................................... 1 vol.
NOUVELLES.. 1 vol.
TABLEAUX DE SIÈGE. — Paris (1870-1871)................. 1 vol.
THÉATRE. — Mystère, Comédies et Ballets................ 1 vol.
LES JEUNES-FRANCE, Romans goguenards suivis de CONTES
    HUMORISTIQUES...................................... 1 vol.
HISTOIRE DU ROMANTISME................................. 1 vol.
PORTRAITS CONTEMPORAINS................................ 1 vol.
L'ORIENT... 2 vol.
FUSAINS ET EAUX-FORTES................................. 1 vol.
TABLEAUX A LA PLUME.................................... 1 vol.
LES VACANCES DU LUNDI.................................. 1 vol.
CONSTANTINOPLE (Nouvelle édition)...................... 1 vol.
LOIN DE PARIS.. 1 vol.
LES GROTESQUES (Nouvelle édition)...................... 1 vol.
PORTRAITS ET SOUVENIRS LITTÉRAIRES..................... 1 vol.
LE GUIDE DE L'AMATEUR AU MUSÉE DU LOUVRE............... 1 vol.
SOUVENIRS DE THÉATRE, D'ART ET DE CRITIQUE............. 1 vol.
CAPRICES ET ZIGZAGS.................................... 1 vol.
UN TRIO DE ROMANS. — Les Roués innocents. — Militona.
    — Jean et Jeannette............................... 1 vol.
PARTIE CARRÉE.. 1 vol.
ENTRETIENS, SOUVENIRS ET CORRESPONDANCES, recueillis par
    E. BERGERAT....................................... 1 vol.

Paris. — Imp. F. Imbert, 7, rue des Canettes.

THÉOPHILE GAUTIER

LA NATURE

CHEZ ELLE

ET

MÉNAGERIE INTIME

PARIS

BIBLIOTHÈQUE-CHARPENTIER

11, RUE DE GRENELLE, 11

1891

LA
NATURE CHEZ ELLE

CHAPITRE PREMIER

EN PEIGNOIR BLANC

Les coteaux ont dépouillé la rousse fourrure de l'automne, et les dernières feuilles
rouges, fanées, détachées depuis longtemps
de la branche, courent dans les chemins
avec un froissement de papier sec, ou montent en tourbillons comme des papillons
morts pour aller retomber un peu plus loin,
roulées, tourmentées par le souffle âpre de
la bise qui s'en fait un jouet. Une seule
reste encore au bout d'un rameau, affolée,
palpitante, ne tenant plus que par la ner-

1

NATURE CHEZ ELLE

CHAPITRE PREMIER

EN PEIGNOIR BLANC

Les coteaux ont dépouillé la rousse fourrure de l'automne, et les dernières feuilles
rouges, fanées, détachées depuis longtemps
de la branche, courent dans les chemins
avec un froissement de papier sec, ou montent en tourbillons comme des papillons
morts pour aller retomber un peu plus loin,
roulées, tourmentées par le souffle âpre de
la bise qui s'en fait un jouet. Une seule
reste encore au bout d'un rameau, affolée,
palpitante, ne tenant plus que par la ner-

1

vure de sa tige, déjà grillée et cuite par les premières gelées blanches. Elle danse, éperdument battue par des vents contraires. Une rafale plus forte que les autres l'enlève, et la voilà qui s'envole pour rejoindre ses sœurs et pourrir au pied de l'arbre dont elle était le frais honneur et l'ornement. Les pauvrettes acceptent leur sort avec résignation, satisfaites d'avoir accompli leurs destinées. Elles savent obscurément qu'au printemps prochain d'autres feuilles viendront sur l'arbre nourri par leur détritus changé en terreau, et qu'elles rentreront dans le torrent de la circulation universelle.

Décidément, c'est l'hiver. Sur le ciel gris brumeux, la découpure de la forêt se dessine en rameaux fins et menus comme une arborisation dans une agate. A travers le lacis des rameaux apparaissent des touffes de gui aux barbes pendantes, et les nids abandonnés que le feuillage cachait. Des fumées bleuâtres flottent entre les fûts

noircis des arbres, au bout des allées et
dans les trouées des clairières.

Déshabillée de sa belle robe de végétation, la terre se montre sur le versant des
coteaux et dans l'étendue des plaines avec
ses tons bruns humides et ses gris violets.
Çà et là, dans les sillons, brillent comme
les miroirs d'un piège d'alouettes des flaques d'eau que le sol saturé de pluie n'a pu
absorber.

Des bancs de nuages qui ressemblent à
ces ébauches de lavis faites avec de l'encre
délayée d'eau, rampent péniblement sur
l'horizon, chargés de froides averses, se dé-
chirant le ventre aux crêtes des montagnes
et des collines. Bientôt la pluie tombe,
fouettée par le vent et rayé de ses hachu-
res diagonales le morne champ du ciel. On
n'entend dans la nature d'autre bruit que le
pétillement des gouttes d'eau. Les voix des
oiseaux se sont tues, l'amour ne leur ins-
pirant plus de chansons. Tout est silence et
solitude. Le paysan regagne sa chaumière,

dont on voit la fumée à travers les arbres, et, libre du travail des champs, il se repose auprès du feu, sous le manteau de la cheminée, et se moquant des intempéries de la saison, attend le printemps avec patience.

Les cigognes ont quitté la flèche du Munster, les roues attentivement placées au bout d'un mât, et les toits en escalier de la Hollande, cherchant des cieux meilleurs. Il y a longtemps déjà que les files de grues, traînant leurs plaintes, comme dit le Dante, ont traversé l'étendue à une grande hauteur. Les hirondelles sont allées retrouver leurs anciens nids sur les terrasses de Malte, les métopes du Parthénon et les minarets du Caire.

Tout ce qui a l'aile assez légère, le vol assez puissant, a émigré vers le soleil ; mais ceux que la fatalité de la pesanteur retient et qui ne sauraient quitter le sol pour planer librement, ne peuvent pas fuir devant la mauvaise saison. Ils n'ont pas ce privilège du printemps perpétuel ; il leur

faut subir la dure nécessité de l'hiver,
n'ayant pour abri que le toit dénudé de la
forêt qui, à travers les rameaux chauves,
laisse filtrer les froides gouttes de la pluie ;
que les humides cavernes des terriers, les
grottes creusées sous les racines, les cre-
vasses des vieux murs et les éboulements
des ruines, tristes logis où le vent pénètre,
où cingle l'ondée oblique, où l'on a froid, où
l'on n'est pas en sûreté, car, en se dégar-
nissant de son feuillage la forêt a perdu son
mystère, le fouillis de maigres branches
croisant ses traits noirs ne masque plus
qu'à demi les hôtes inquiets.

Et voici que les oiseaux, les petits car-
nassiers, le gibier de poil et de plume,
cherchent un refuge dans les arbres semblables à des squelettes. Oh ! que difficile
et précaire est la vie par ces temps rigoureux ! L'été, la table est toujours mise et
richement servie ; maintenant, à peine reste-
t-il quelques graines rouges au sorbier,
quelques prunelles à fleur bleuâtre, à sa-

1.

veur âpre, que la gelée même ne peut mûrir.
L'herbe, sous les lits de feuilles sèches, n'est
plus traversée par les fourmis voyageuses ;
les insectes, les moucherons qui bourdon-
naient dans un rayon de soleil ont disparu,
confiant leurs œufs à la terre, aux écorces,
aux fissures des rochers ; et leurs larves,
soigneusement cachées, attendent dans l'en-
gourdissement le réveil de la nature.

Malheur à ceux qui n'ont pas leur garde-
manger bien garni d'avance ! Ils feront
maigre chère. Tous n'ont pas, comme le
hardi rouge-gorge, l'audace d'aller frapper
familièrement à la vitre d'une habitation
pour se faire ouvrir, se réchauffer un moment
et quêter un peu de nourriture. D'ailleurs,
il y a des méchants qui abuseraient de cette
sainte confiance, et l'animal doit se tenir
sur le qui-vive vis-à-vis de l'homme. Depuis
la sortie de l'Éden, il n'y a plus de sécurité
pour lui, et pourtant il n'a pas désobéi à
Dieu.

Un matin, le soleil qui s'est levé tard des-

sine son disque pâle derrière un rideau de
brume jaunâtre; le ciel est si bas qu'il semble toucher la terre. Des bandes de corbeaux, — en poussant ces croassements
où Dupont de Nemours, qui prétendait
entendre le langage des oiseaux, comme
Démocrite, a noté vingt-huit intonations
différentes, formant un vocabulaire de
signaux, — partent pour aller dépecer
quelque bête morte. Le noir essaim fend
l'air d'un vol plus rapide que d'ordinaire,
car il a, avec son instinct prophétique,
pressenti un changement de temps.

En effet, de blancs flocons de neige commencent à voltiger et à tourbillonner
comme le duvet de cygnes qu'on plumerait
là-haut. Bientôt ils deviennent plus nombreux, plus pressés; une légère couche de
blancheur, pareille à cette poussière de
sucre dont on saupoudre les gâteaux, s'é-
tend sur le sol. Une peluche argentée s'attache aux branches des arbres, et l'on dirait
que les toits ont mis des chemises blanches.

Il neige. La couche s'épaissit, et déjà, sous un linceul uniforme, les inégalités du terrain ont disparu. Peu à peu les chemins s'effacent, les silhouettes des objets sur lesquels glisse la neige se découpent en noir ou en gris sombre. A l'horizon, la lisière du bois forme une zone roussâtre rehaussée de points de gouache. Et la neige tombe toujours, lentement, silencieusement, car le vent s'est apaisé ; les bras des sapins ploient sous le faix, et quelquefois, secouant leur charge, se relèvent brusquement ; des paquets de neige glissent et vont s'écraser avec un son mat sur le tapis blanc.

Les geais, les pies, glapissent aigrement et font grincer leur crécelle en volant d'un arbre à un autre, pour chercher un abri contre les étoiles glacées qui tombent sur leur plumage ; les moineaux, blottis sous les feuilles des lierres le long des vieux murs, poussent des piaillements de détresse. Ils ont froid, ils ont faim, et l'avenir de leur déjeûner les inquiète.

Sur cette belle nappe, plus blanche que le plus fin linge de Saxe, déployée ironiquement, il n'y a rien à manger. Au contraire, elle recouvre le repas, si l'on peut appeler un repas quelques baies demi-pourries, quelques restes de vermisseaux, ou même l'humble grain d'avoine que la digestion des chevaux laisse tomber sur le chemin.

Du fond de son terrier, le renard, dont les yeux à pupilles elliptiques comme celles des chats, prennent dans l'ombre de vagues phosphorescences, écoute, l'oreille dressée, le chant éloigné d'un coq qui sonne la diane.

Oh ! que ce pacha de basse-cour, accompagné de quelques-unes de ses sultanes, ferait bonne figure dans la cuisine de maître Renard ! Son nez noir en frémit d'aise au bout de son museau pointu ; il passe sa langue sur ses lèvres minces et fait craquer ses mâchoires comme s'il tenait sa proie. La renarde et les renardeaux, déjà grands, ont fort bon appétit également, et le renard,

quoique fripon, voleur et enclin au guet-
apens, est bon père de famille.

Mais déjà la ferme est éveillée ; les ser-
vantes vont et viennent, les valets s'occupent de leurs besognes aux écuries, aux étables, et la fumée de la soupe grasse et succulente monte par le tuyau de la cheminée
en briques coiffée d'un turban de neige. Il
est trop tard : à tenter le coup on risque-
rait sa peau, et le renard, qui n'en a
qu'une, y tient particulièrement.

Cette nuit il a visité les collets tendus
par les braconniers aux passages des liè-
vres, et il n'a rien trouvé. Les lapins se
sont tenus chaudement dans leurs logis
souterrains, et il a vainement attendu leur
sortie.

Enfin, il se décide, pressé par la famine,
à se diriger vers la ferme ; comptant bien,
pour y pénétrer, tirer quelque stratagème de
ce sac où les fabulistes ont mis tant de
ruses ; mais l'aspect d'un chasseur traversant la plaine, fusil sur le bras et pré-

cédé de deux chiens en quête, le fait bien
vite renoncer à son projet ; il rebrousse
chemin et retourne à son terrier.

Sur la lisière de la forêt, sous les racines
des arbres, entre l'ébouriffement des broussailles et des herbes sèches, poudrées à
blanc par la neige qui continue à tomber
et tachette l'ombre de ses paillettes d'argent, s'ouvre l'orifice du noir souterrain.
Déjà se rasant contre terre, le renard s'y
est englouti à moitié ; on ne voit plus que
sa croupe matelassée d'un poil épais, et sa
longue queue bien fournie qui traîne ba-
layant ses pas.

La Fontaine a dit :

« Et que faire en un gîte, à moins que l'on ne songe? »

Que peuvent penser, pendant les longues
nuits et les tristes jours d'hiver, les animaux tapis dans leurs retraites ? Le sommeil sans doute absorbe une grande partie
de leur temps. Mais on ne saurait dormir
toujours. L'instinct ne rêve pas. C'est une

force innée, appropriée à la nature de chaque animal, qui lui suggère sans trouble,
sans hésitation, ce qu'il faut qu'il fasse dans
des circonstances données. C'est l'instinct
qui lui apprend à préserver sa vie, à trouver
sa nourriture, à faire son nid, à élever ses
petits; mais les bêtes n'ont pas que l'instinct :
elles possèdent aussi une sorte d'intelligence; de vagues pensées, des ébauches de
raisonnements traversent leur cerveau obs-
cur. Elles se souviennent; elles comparent.
Dans un cas imprévu, elles prennent des
déterminations nouvelles, elles modifient
leurs ruses. N'y a-t-il pas là de quoi ali-
menter une songerie inconsciente, peuplée
plutôt d'images que d'idées? Et sans prêter
l'intelligence humaine au renard, on peut
bien supposer qu'au fond de ce chaud terrier
il pense aux levrauts qu'il a forcés, aux canards et aux poules étranglés, aux oiseaux
retirés du piège à son profit, aux poursuites
qu'il a déjouées par sa vitesse ou ses stratagèmes, et peut-être avec une nuance d'iro-

nie aux fox-hunters en habits rouges qui se
sont cassé les reins en sautant les haies pour
l'attraper. Il peut aussi se permettre quelques réflexions haineuses contre l'homme,
qui chasse injustement des bêtes qu'il ne
mange pas, et auxquelles la nature appar-
tient aussi bien qu'à lui.

L'hiver a sa beauté, bien que les poètes
célèbrent de préférence le printemps, l'été
ou même l'automne avec sa riche couronne
de pampres rougissants. Il offre des tableaux
moins connus, car l'homme regarde peu la
nature pendant ces mois rigoureux, mais
pleins d'effets pittoresques d'un caractère
mélancolique et grandiose, parfois même
d'une grâce austère.

L'été est un coloriste, l'hiver est un des-
sinateur. Il met à nu les formes, il arrête
les contours, précise les lignes, indique les
emmanchements.

Comme ces feuilles dont on dégage toutes
les nervures en frappant leur pulpe verte
d'une brosse pour en faire des dentelles vé-

gétales d'une incroyable délicatesse, l'hiver, en lui ôtant son feuillage, a fait ressortir l'anatomie de la forêt.

On peut suivre, à partir du tronc, l'insertion et les coudes des branches, la division des rameaux, jusqu'aux brindilles les plus ténues qu'un roitelet ferait ployer en s'y posant. Les fines découpures se superposent sans confondre leurs réseaux, et sous les rameaux l'œil s'enfonce entre les fûts des arbres formant, comme les colonnes de la mosquée de Cordoue, des entre-croisements de nefs. Les brumes, les vapeurs, les pluies, quelquefois un pâle rayon qui se glisse, varient la monotonie de l'aspect. La nature n'est pas si morte qu'elle en a l'air. Du côté du sud, des plaques de mousse étalent leur velours vert sur les écorces. Les lichens spongieux et bleuâtres revêtent les pierres : quelques herbes pointent entre les feuilles desséchées. Une vie sourde circule dans cette apparence endormie, même les jours de neige. Les genévriers se hérissent au bord des

chemins, et les houx avec leur feuillage den-
telé et piquant, gardent leur sombre verdure que rehaussent des touches argentées.
Les vieux chênes obstinés, que n'effraient
pas les rigueurs de l'hiver, ne consentiront
à laisser tomber leurs feuilles, diadèmes d'or
roussi, que lorsque le printemps leur aura
rendu leur belle couronne verte. Ils étendent sur le chemin raviné, aux bords duquel s'accrochent leurs fortes racines, leurs
branches robustes et noueuses où le vieux
cerf, dix cors soufflant devant lui la fumée
de ses naseaux, enchevêtre sa gigantesque
ramure en cherchant à se frayer un passage. Dans le silence on entend vivre la
forêt. Les arbres agités rendent de sourds
murmures. Des froissements d'herbes et de
broussailles signalent la fuite de quelque
bête. Un oiseau jette un cri ; une branche
cassée tombe ; une plainte étrange, partie
on ne sait d'où, vous arrive et vous fait
tressaillir. Derrière le treillage mille fois
entre-croisé des grêles taillis, vont et vien-

nent, cherchant leur proie, évitant leurs
ennemis, tout un monde animal invisible,
ou qui traverse comme une flèche l'espace
libre des routes. La neige ajoute à la beauté
de la forêt, qu'elle change en un immense
bouquet de filigrane d'argent. Les pins,
avec les glaçons qui pendent à leurs branches, ont l'air de girandoles de cristal qui
attendent qu'on allume les bougies pour un
bal de fées, de nixes et d'ondines ; nous
n'osons dire de dryades, car les chênes
gaulois nous semblent d'écorce bien rude
pour avoir renfermé de ces nymphes délicates.

Mais voici que le soleil descend à travers
les brumes. Son disque, pâle le matin,
rouge le soir, a fait dans le brouillard une
tache sanglante. Il descend encore et brille
un instant derrière la dentelle noire de la
forêt. L'ombre envahit la nature, ombre
froide que n'éclaire aucun rayon de lune,
aucune scintillation d'étoile.

Des vapeurs montent de la terre et se

mêlent à l'obscurité qui tombe du ciel. La
nuit n'est pas encore tout à fait opaque, et
dans ce crépuscule qu'illuminent les vagues
reflets de la neige, les objets se déforment
et prennent des aspects bizarres. Les sapins
étendent leurs bras comme des fantômes
qui supplient ou menacent. Les racines
noueuses se tordent au bord des ravins avec
un inextricable emmêlement d'hydre. Les
arbres affectent des apparences humaines,
et ployant leurs coudes comme pour assé-
ner un coup, ont l'air de guetter le passage
d'une victime. D'autres fois, dans les clairières, des fumées s'élèvent du sol, semblables à des ombres sortant du tombeau,
drapées de leur suaire. On sent autour de
soi une vie confuse, formidable et monstrueuse. Des vols soudains déplacent les
branches. Des pas de bêtes invisibles font
craquer les herbes; on entend des foule-
ments furtifs. Des prunelles phosphores-
centes s'ouvrent comme des trous lumineux
dans le noir masque de la nuit. Des plain-

les étranges, des piaulements sinistres, des ululations lamentables éclatent, se prolongent et s'éteignent, rendant plus profond le silence effrayé.

A ce bruit tous les sourds chuchotements se sont tus. C'est la sombre armée des voleurs de nuit, des rapaces, des assassins qui va se mettre en campagne.

Les innocents, les faibles, les petits, tous ceux que la fatalité livre sans défense aux dents, aux griffes, aux becs, ont frémi de l'inexprimable horreur des ténèbres, qui les enveloppe d'un filet aux mailles brunes.

Quel précaire asile, une branche sans feuilles, un trou dans une vieille écorce, une fissure de rocher! Aussi le pauvre oiseau s'enfonce dans sa plume, met sa tête sous son aile et dort d'un sommeil agité, ne comptant pas voir le jour.

Et sa peur est bien fondée, car les voilà étagés sur un rameau transversal, les brigands nocturnes, aux masques effrayants, aux oreilles de plumes dressées comme celles

des chats, au bec tordu comme un nez
humain, avec leurs yeux phosphoriques
dardant des lueurs de lanterne sourde : le
grand-duc, le hibou, la chouette, l'orfraie,
toute la tribu qu'offusque le jour, la serre
aiguisée, le bec repassé, altérés de sang,
affamés de chair ; ils ont concerté leurs
plans ; ils connaissent les retraites des victimes ; ils savent où elles couchent ; ils les
ont *chambrés,* comme disent les agents de
police.

Le moment est venu. C'est l'heure où la
vertu dort, où le crime veille. Les brigands
ouvrent silencieusement leur aile au vol
muet, ouatée d'un duvet qui amortit le son.
Ils glissent dans l'air comme s'ils rampaient.
L'ouïe la plus fine, la plus inquiète, ne
soupçonne pas même leur approche. L'assas-
siné n'aperçoit de son meurtrier que deux
prunelles rondes et flamboyantes penchées
sur son agonie, tant l'attaque a été brusque
et conduite avec une habileté scélérate. Les
loups, les fouines, les belettes se mettent à

rôder ! Partout les embûches sont dressées et la forêt, si paisible en apparence, devient le théâtre de plus de meurtres qu'Ilion après l'irruption des Grecs.

« Mangeurs et mangés, c'est tout histoire naturelle, disait Thomas Vireloque. »

Si le hibou dévore l'oiseau, l'oiseau ne dévore-t-il pas l'insecte ?

CHAPITRE II

A SON RÉVEIL.

L'hiver tire à sa fin. Presque partout la neige a fondu lentement. Il n'en reste plus que quelques plaques de jour en jour plus étroites, aux endroits où l'ombre séjourne et que n'atteint pas le soleil, dans les fissures des rochers, aux plus basses branches des sapins. Les arbres ont secoué la poudre blanche dont Frimaire les avait enfarinés. Les matins sont moins paresseux à se lever, les soirs plus lents à se coucher ; la nature dort toujours, mais son sommeil n'est pas aussi profond et ne ressemble pas autant à la mort. Des rêves commencent à l'agiter, riants et légers comme à l'approche du réveil. Le froid, vieillard à la barbe de glaçons, au nez rouge, aux yeux pleurants, les mains emprisonnées dans des mitaines ourrées, le dos chargé d'un carrick à six

collets, ne l'obsède plus de son amour sé-
nile, et il s'en est retourné vers le cercle
polaire où les ours blancs naviguent sur
les banquises.

Mais comme les jaloux, l'Hiver a des retours imprévus, et la nature réveillée tout
à fait, n'ose pas encore recevoir chez elle
le jeune Printemps qui rôde par là, attendant qu'on lui fasse signe d'entrer, comme
à un amant timide en faction sous la fenêtre de sa beauté.

Pour le promeneur distrait, l'aspect de
la forêt n'a pas changé : les chênes gardent la plupart de leurs feuilles teintes en
couleur de safran et gondolées par les gelées de Décembre ; les frênes, les hêtres,
les ormes, complètement dépouillés, laissent
voir l'armature de leurs rameaux et de leurs
brindilles, et l'on marche à travers l'herbe
sèche sur les détritus du feuillage. Tout est
encore revêtu de la livrée noire et tannée
aux couleurs de la morte-saison. Aucune
petite touche de vert ne s'est risquée sur ce

grêle dessin, et les branches ressemblent toujours à des réseaux noirs de broderie, attendant que l'aiguille les remplisse de fleurs et de feuilles aux couleurs variées.

Mais cette morne apparence est trompeuse. Cette mort n'est qu'une léthargie, ou plutôt un repos nécessaire et réparateur, où la vie n'est pas suspendue et fonctionne d'une façon latente. Le cœur de la nature n'a pas cessé de battre quoique les pulsations en soient moins sensibles. De sourdes énergies couvent sous ce linceul de neige, de feuilles mortes et d'herbes flétries. La sève, ce sang de la végétation, un moment engourdie, commence à reprendre son cours et à circuler dans les canaux qui sont des veines et des artères. Le bois se gonfle, les sucs affluent et montent jusqu'aux plus hautes cimes ; mais ce mouvement, rien ne le trahit au dehors. Sous l'influence occulte les germes cachés dans le sein de la terre tressaillent : une inquiétude les agite et l'ennui les prend de leur prison obscure.

Ils sentent le besoin de s'élancer plus haut,
de monter vers la lumière et de s'y épanouir. Oh ! qu'il y a longtemps qu'ils sont
là, ensevelis dans la solitude et le silence,
n'ayant que de confuses perceptions, comme
un enfant au sein de sa mère ; de tous leurs
efforts ils tâchent de percer la croûte qui
les sépare du monde vivant. Ils ont l'impérieuse soif de naître et de figurer dans la
grande représentation universelle, comme
des acteurs dont c'est le tour, et que le
régisseur avertit de ne pas manquer leur
entrée.

La même agitation règne parmi les larves, les chrysalides, attendant l'heure de
la métamorphose. Dans sa coque de soie,
entre la feuille sèche repliée comme une
oublie sous la pierre humide, au creux du
bois vermoulu, aux fissures des roches,
sous les racines des arbres, au bord des
flaques d'eau, l'insecte se remue et s'apprê-
te ; mais il ne se risque pas encore à briser
l'enveloppe qui le protège: quelques jours

de patience sont indispensables. S'il sortait trop tôt, le froid des nuits le ferait périr, et d'ailleurs sa table n'est pas mise, ses officiers de bouche ne sont pas arrivés.

Seuls, les geais et les pies-grièches sautent de branche en branche, se querellant et caquetant. Les autres oiseaux, plus aimables, n'ont pas commencé leurs ramages. Les vrais chanteurs se taisent, de peur de s'enhurmer sans doute. De temps en temps un chevreuil, d'un mouvement brusque, traverse la clairière; un renard revient de la maraude avec une poule jetée sur son dos, et un grand cerf, à puissante ramure, s'arrête sur le haut d'un tertre, rappelant ce cerf miraculeux portant un crucifix entre son bois, apparu à saint Hubert, et dont Albert Durer a fait une si belle gravure.

C'est bien toujours l'hiver, mais l'aurore brille plus rose derrière le grillage des arbres nus; des souffles moins âpres déplacent les feuilles mortes ; quelques mousses

3

brunes prennent des reflets verdâtres sur
le tronc des hêtres ; les extrémités des branches rougissent ; des bourgeons se montrent
aux aisselles des rameaux, vernis d'une
liqueur visqueuse. Une odeur de jeune sève
printanière se répand et parfume la forêt.

Cependant aucune fleur ne s'est décidée,
et l'on ne voit à travers les arbustes chauves, pour varier l'uniformité des teintes
brunes, que les fruits rouges du houx et
du fusain, dont la pourpre persistante a
bravé l'hiver.

Mais voici que des pluies douces, ame-
nées par le tiède vent d'ouest, ont pénétré
et amolli le sol.

Sur la lisière des bois, la perce-neige
lève timidement sa tête blanche; à demi-
cachée par une feuille sèche de chêne, la
modeste violette exhale son parfum doux et
suave.

La primevère pique de son étincelle jaune
le bord du sentier, et la pulmonaire montre ses fleurs d'un bleu pâle.

La pâquerette a mis sa collerette blanche, soigneusement plissée, et vous regarde
amicalement de son œil d'or dans l'herbe
reverdie.

Déjà quelques bourgeons ont éclaté sur
les essences précoces, et la petite feuille
chiffonnée se déploie, fine, soyeuse, transparente, d'un vert clair et gai, d'un vert
d'espérance. Mais le chêne au tronc ru-
gueux, aux branches noueuses, satisfait de
sa couronne rousse, qu'il n'a pas dépouillée comme les autres arbres, reste insensi-
ble aux agaceries du Printemps, comme un
aïeul morose qu'importune la gaieté des enfants jasant autour de lui. L'orme non plus
ne s'émeut pas de ces premiers sourires de
l'année.

Le silence est rompu : le joyeux sifflet du
merle s'est fait entendre, et le pinson lui a
allègrement répondu. Le pinson franc et
vif a confiance dans la nature. Dès qu'un
rayon de soleil a lui, que quelques fleurettes ont émaillé l'herbe et qu'une légère

frondaison commence à estomper le bois, il se croit sûr de son fait. « Voilà le beau temps revenu », se dit-il dans son langage d'oiseau ; « plus de frimats, plus de neige, plus de ces longues nuits interminables, si pleines de dangers et de terreurs ; » et le pinson, dans sa joie pétulante, reprend son cahier de solfège et fait des vocalises à plein gosier. On n'entend que lui, et il semble gourmander l'orchestre de la forêt, qui tarde à jouer l'ouverture du Printemps.

Il est vrai que souvent il arrive, pendant qu'il chante, qu'une bise froide, un vent coulis perfide se glisse à travers les arbres mal garnis et lui cause une extinction de voix ; mais alors il fait comme un grand chanteur et se passe des notes absentes. Heureusement, cela ne dure guère ; la première bouffée de chaleur lui rend ses moyens, et il en profite pour faire des aveux d'amour et donner des sérénades à sa belle.

L'heureux couple va, vient, sautille et

volète ; mais ce n'est pas une activité sans
but, une joyeuse gymnastique faite pour
contenter la légèreté aérienne de l'oiseau ;
il s'agit d'assurer un abri à la future famille, de lui bâtir un berceau et une maison, de mener à bien ce grand œuvre du
nid, doux foyer où sous la poitrine et le
cœur de la mère se mûrit l'œuf où déjà
tressaille la vie.

Pourtant notre artiste, quoiqu'il ait l'humeur fantasque comme tout virtuose, ne
manque pas de prudence : il place son nid
à l'insertion de deux branches, d'une façon
si adroite qu'il est difficile de l'apercevoir.
Il le bâtit de mousses, de lichens, de brindilles et de petites plantes parasites arra-
chées à l'arbre même sur lequel il a pris
domicile. A moins d'être prévenu, vous
prendriez ce nid pour une excroissance du
tronc, vous le confondriez avec l'écorce. Malgré cette apparence rustique, il est à l'intérieur chaud et moelleux, capitonné de
duvet et confortable comme ces kiosques

3.

faits de morceaux de bois curieusement
difformes et parés au dedans de toutes les
recherches'du luxe. Bien que la saison soit
peu avancée, le ménage prospérera ; l'amour,
comme la fortune, aime les audacieux, et
bientôt, dans ce houx épineux, hérissé comme un bourru bienfaisant, les oisillons mis
à couvert ouvriront leur bec. La dynastie
des pinsons est assurée pour longtemps.

Dans les clairières où se joue le soleil
poussent les plantes qui craignent l'ombre
trop épaisse des hautes futaies, et qui aiment à s'épanouir à l'air libre et à la lumière ; la fétuque pennée, la molinie bleue, la
canche flexueuse, à panicules pourprés, les
graminées à tige grêle et sans nœud, et l'ai-
relle qui n'aura qu'à l'automne les jolies
grappes de baies noires appelées Raisin,
des bois.

Partout le mouvement gagne, la fermen-
tation augmente ; des bourgeons éclatent,
des calices s'ouvrent, des voix s'éveillent ;
la vie fait sa grande invasion.

D'un jour à l'autre, les teintes se modifient ; ce n'était d'abord qu'un léger frottis pour couvrir la toile, comme le font les
peintres lorsqu'ils ébauchent un tableau ;
puis les touches se superposent, les tons
deviennent plus solides, le feuillé plus
nourri. Les détails, d'abord minutieux et un
peu grêles, comme dans les panneaux des
maîtres primitifs, prennent de l'ampleur en
se fondant dans la masse, mais lentement,
par gradations presque insensibles ; la nature n'est jamais pressée, surtout dans nos
climats.

Ce n'est pas seulement dans l'air et dans
la terre qu'a lieu le réveil des forces vivan-
tes ; l'eau féconde fourmille d'êtres et de
plantes qui s'agitent et veulent se dégager
de la matière inerte.

Sortons un moment du bois et venons près
de cette mare où, par d'invisibles draina-
ges à travers l'herbe, les feuilles, les mousses, les sables, se sont amassées les eaux de
la forêt, pour faire un de ces miroirs clairs

et sombres que les anciens, dans leur langage poétique, appelaient « Miroir de Diane »
Speculum Dianæ.

C'est sur le bord d'un taillis ; les arbres
aux troncs sveltes, aux ramures délicates
que recouvre à peine un feuillage naissant,
se dessinent sur un fond de ciel clair, comme
ces délicates découpures en papier noir,
chefs-d'œuvre de ciseaux patients. Entre
leurs fûts élancés comme des colonnettes
gothiques, se hérissent quelques arbustes
sylvestres. Leurs pieds plongent dans des
mousses humides et des plantes aquatiques
qui s'épaississent. Ce sont des joncs, des
roseaux, des prêles, des sagittaires avec
leurs feuilles en fer de lance ; des nénuphars étalant leurs cœurs plats et visqueux ;
des lentilles d'eau qui, sous leur petit
disque vert, laissent pendre des fils vivants
transition de l'animal à la plante ; c'est
toute une flore marécageuse.

Dans les places qui ne sont pas envahie,
la mare polie et dormante reflète le taillis

qu'elle a l'air de vouloir noyer sous ses
eaux. De vives plaques de lumière étincellent çà et là sur ce fond sombre, à travers
le tremblement noir des arbres et le
remous qu'y produisent les ébats des canards sauvages, seuls habitants visibles de
cette solitude, où l'on sent pourtant la présence d'un esprit secret, de celui que l'antiquité nommait Pan et qu'elle faisait plus
grand que Jupiter.

Cette mare est tout un monde; si l'œil
pouvait pénétrer cette onde épaisse comme
il fait de la goutte d'eau transparente posée
sur l'objectif du microscope, il y verrait un
fourmillement étrange d'infusoires, d'ani-
malcules, de zoophytes, de larves secouant
leurs langes, d'ébauches d'insectes qui ont
encore deux ou trois masques à déposer
avant d'arriver à leur forme définitive. Cela
grouille, cela rampe, cela sautille, cela
voyage dans une bulle d'air; cela patine à la
surface avec une agilité et une sûreté que
n'eurent jamais les membres les plus svelte

du Club des Patineurs, au Bois de Boulogne.

Il y a là des salamandres, des hydro-
philiens, des têtards, des nymphes de li-
bellules, des cousins en préparation, des
moucherons à l'état microscopique, tout cet
escadron ailé armé de scies, de trompes, de
tarières, de suçoirs qui, l'été, enveloppe
l'homme d'un nuage bourdonnant et lui
inflige d'insupportables tortures.

Combien plus nombreux seraient-ils, ces
buveurs de sang, si ces honnêtes canards,
qui semblent s'amuser à faire le plongeon et
à enfoncer par plaisir leur col d'or bleu et
d'émeraude dans cette eau qu'ils troublent,
ne détruisaient pour se nourrir les myriades de larves, et ne mettaient un frein à
cette effroyable population. La Nature, comme si elle avait peur de sa propre fécondité,
place toujours, à côté de ces espèces à mul-
tiplication presque indéfinie, une espèce supérieure qui la détruit dans la proportion
voulue. Elle a créé l'oiseau pour combattre
l'insecte, la mort corrige la vie ; l'inférieur

passe dans le supérieur comme élément, et
l'équilibre se maintient.

Mais il n'y a pas que des cousins et des
moustiques dans les bois.

Regardez cette branche de houx : elle est
habitée par des hôtes plus aimables, qu'elle
a défendus pendant les mois d'hiver contre
les intempéries des saisons, abritant leurs
chrysalides de ses feuilles à dards aigus,
qu'on dirait fouillées au ciseau, tant leurs
arêtes sont vives. Si l'acanthe, se contour-
nant sous une tuile, a produit le chapiteau
corinthien, le feuillage du houx semble
avoir fourni le modèle du chapiteau gothique.

Voyez cette chenille qui traîne ses an-
neaux couleur de turquoise hérissés de
poils soyeux. Ne la méprisez pas parce
qu'elle rampe encore péniblement : tout
à l'heure elle va rejeter cette peau, gaîne
étroite qui gêne son allure et qu'elle laissera

dans quelques instants à terre comme un
vêtement d'un autre âge. Psyché, démaillo-
tée, va déplier ses ailes et s'élancer vers la
pure lumière comme une âme qui abandonne son corps.

Salut, papillon étincelant qui sembles
vouloir consoler les fleurs de leur immobili-
té fatale, et dont les ailes ont l'air de pétales ! Te voilà délivré, te voilà en possession
de l'espace ! Tu as subi tes épreuves, dormi
tes sommeils, épuisé le cercle de tes métamorphoses ! Tu es parfait maintenant ; tu
n'as plus qu'à aimer et à mourir.

Mais, dans cet état brillant, te souvient-
il des phases antérieures ? Y a-t-il une
conscience chez toi des longues heures pas-
sées dans la coque de la chrysalide, dans le
fourreau de la larve ?

A chacune de tes métamorphoses, au
moment de t'engourdir, as-tu senti l'angoisse de la mort et de l'inconnu ? Cet éva-
nouissement terrible, ce passage noir d'un
monde à un autre, ont-ils laissé quelque

trace dans la mémoire ? Cette chenille, moins précoce que toi, qui chemine lentement sur cette branche, sais-tu qu'elle est ta sœur ? Cette peau qui était la tienne, ne la prends-tu pas déjà pour un débris de feuille ?

Mais à quoi bon adresser des questions philosophiques à ce pauvre papillon tout récemment éclos, qui brûle d'essayer ses ailes neuves, de traverser l'espace, d'aller de la fleur bleue à la fleur rose, de danser dans un rayon de soleil et de poursuivre au-dessus des prés sa compagne future ?

Allons, Amour, embrasse Psyché, et ne prends pas la peine de nous répondre !

4

CHAPITRE III

ON LUI DONNE UNE SÉRÉNADE.

Un des hérauts du Printemps, c'est le coucou, un bizarre oiseau qui s'est nommé lui-même et que chaque langue désigne par l'onomatopée de son chant. Dès les premiers beaux jours, on entend retentir ses deux notes dans les bois ; mais il est difficile d'apercevoir le chanteur : on le rappellerait après sa cavatine qu'il ne reparaîtrait pas, tant il est peureux et farouche. Peut-être est-ce simple modestie ; mais ce n'est pourtant pas de ce côté que pèchent les virtuoses.

La plus commode manière d'observer le coucou, c'est d'avoir, fixée à la muraille de sa chambre, une de ces mignonnes horloges de bois qu'on découpe si finement dans le Tyrol.

Quand l'aiguille vient se poser sur le chiffre de l'heure, deux petites portes pratiquées au fronton du chalet ou du château gothique que représente ordinairement l'horloge, s'ouvrent et se renversent avec fracas, et solennellement, avec un bruit de rouages, s'avance un oiseau sculpté, peint et verni, qui penche la tête, bat des ailes et fait *coucou* autant de fois que l'heure contient de chiffres.

Les meilleurs moments pour l'observer sont midi et minuit; que l'imitation soit bien exacte, nous n'en répondrions pas, et les ornithologues sérieux trouveraient sans doute beaucoup de choses à y reprendre. Mais l'on n'a pas toujours le temps d'aller voir la Nature chez elle, surtout lorsqu'on lui a fait plusieurs visites sans la trouver.

On a raconté bien des choses fabuleuses sur le coucou, dont le nom scientifique est *Cuculus canorus*. Les anciens croyaient qu'il se métamorphosait, à une certaine époque de l'année, en milan ou en épervier, car il ressemble à la fois à un rapace et à un grimpeur; mais il n'est ni l'un ni l'autre, et son ambiguité ménage la transition.

Le coucou ne prête pas beaucoup aux descriptions tendres et sentimentales : il est médiocrement amoureux et n'a pas le sentiment de la famille. Il se soucie très peu de voir cinq ou six larges becs béants au bord d'un nid réclamant leur nourriture. Pour éviter cet inconvénient, il n'a pas de domicile et il vit en garçon; la femelle pond ses œufs dans le nid des rouges-gorges et des autres oisillons, ayant soin de n'en mettre qu'un dans chaque nid, puis elle secoue ses ailes et s'en va, ne songeant plus à sa progéniture.

Les oiseaux sont généralement des sopranos et des ténors; le coucou a une voix de baryton qui résonne avec une gravité presque humaine. Quand on l'entend pour la première fois de l'année, la superstition populaire veut qu'en manière de conjuration,

on porte la main à son gousset, car s'il ne
s'y trouvait pas d'argent en ce moment-là,
on courrait le risque de loger le diable dans
sa poche jusqu'à la Saint-Sylvestre. Bien
des poètes et des artistes ont dû entendre
chanter le coucou sans prendre cette précaution.

Ce pauvre coucou calomnié, qu'on taxe
de mauvais cœur, de libertin, de mauvais
père, qui abandonne sans vergogne, ses
enfants et les fait nourrir par d'autres qui
s'épuisent à cette besogne, s'il se conduit
ainsi, ce n'est ni par paresse ni par dureté
d'âme : il a un devoir à remplir, une tâche
que lui a imposée la nature.

Sa spécialité est de détruire les chenilles
processionnaires ; lui seul a le bec assez
large, l'estomac assez rapace, parmi les
insectivores, pour s'acquitter de cette fonc-
tion ; et certes, ce n'est pas de sa part sen-
sualité gourmande ; les chenilles sont hérissées d'un duvet piquant comme le crin,
brûlant comme l'ortie, que l'oiseau rejette

4.

par petites boules feutrées, comme les chats angoras qui ont avalé leur poil.

Ce qui lui reste de moelle pour sa peine n'est pas bien succulent, et il se remet aussitôt à l'œuvre.

Comme ces chenilles font leurs ravages à l'époque des amours et des couvées, vous voyez bien que le coucou n'a pas le temps de construire un nid et d'élever sa famille. Il se sacrifie à l'intérêt public, et les oiseaux, moins ingrats que les hommes, lui nourrissent ses petits, pour qu'il puisse vaquer librement à sa mission.

Aussi le voilà près de cette touffe de Sceau de Salomon, une des premières plantes qui verdissent dans la forêt, épiant les chenilles dont la phalange va se déployer au grand préjudice du feuillage naissant, si frais et si tendre, et pendant qu'il guette, le papillon, récemment délivré de sa chrysalide, fait palpiter ses ailes nuancées, semées d'yeux comme les plumes du paon. Le narcisse, parmi les sveltes graminées,

entr'ouvre sa fleur jaune, qui semble porter
une petite coupe au milieu de ses six pétales et sous l'herbe commence à cheminer,
à voleter, à bourdonner le monde presque
invisible des insectes; des cirons circulent
dans le velours d'une plaque de mousse,
qui est pour eux une gigantesque forêt
vierge aux lianes inextricables.

La saison est décidément ouverte.

Le feuillage, léger d'abord, s'épaissit ;
chaque arbre à son tour, selon qu'il est
précoce ou tardif, a mis son habit vert. Le
chêne lui-même, à travers sa rude écorce,
laisse pointer quelques jeunes feuilles.

La forêt n'a plus cette transparence qui
permettait au regard d'en sonder la profondeur. On n'y voit plus passer, comme une
ombre, la fuite des chevreuils et des cerfs,
et le soleil n'arrive plus qu'en gouttes d'or,
à travers les déchiquetures du feuillage,
sur les herbes qui poussent au pied des
hêtres où s'étendaient les bergers de l'É-
glogue.

Rien de plus frais, de plus tendre que tous ces verts mêlés avec tant d'art sur la palette de la nature ; le bleu s'y combine avec le jaune dans des proportions d'une variété infinie, que les peintres les plus habiles ne reproduisent jamais qu'incomplétement ; mais le jaune domine, jaune transparent, soyeux, imprégné de lumière : les feuilles sont blondes comme les cheveux des tout jeunes enfants.

Aussi, quelle joie, quelle animation, quelle turbulence parmi la gent ailée ! Ce ne sont que roulades, sons filés, points d'orgue, trilles, cadences, gammes chromatiques. Chacun s'en donne à plein gosier, sans se soucier le moins du monde du voisin ; et cela forme le plus délicieux charivari qu'on puisse entendre : c'est comme si l'on jouait en même temps une sonate de Haydn et un menuet de Mozart.

Mais rien ne choque dans cette joyeuse discordance, parce que la vraie harmonie est dans le fond du tumulte. Unique est le thème, si les broderies sont variées ; et ce thème est l'amour.

Parmi ce gai tapage, l'oreille distingue bientôt la phrase cadencée de la grive musicienne, qui pourrait se noter au piano, tant elle est nette. La grive a ce sentiment du rhytme qui manque, en général, aux oiseaux, au rossignol lui-même, partisan de la mélodie continue, comme Wagner. Le merle a la voix plus douce, plus moelleuse, mais moins étendue. Son extension n'est guère que d'une octave, et, pour les notes hautes, il a recours au fausset.

Cette chanson éclatante et sonore est celle de la fauvette à tête noire, l'Adelina Patti, du groupe des fauvettes : la fauvette des jardins, la fauvette épervière, la babillarde, la grisette, n'ont pas ce talent. Ce ne sont pas des *donne di primo cartello*, des étoiles à mettre en vedette sur l'affiche ; mais elles font très bien leur partie dans le concert et savent se rendre utiles.

Écoutez cette cadence perlée d'un accent

un peu mélancolique : c'est le rouge-gorge
qui la jette à travers les gazouillements,
les murmures et les cris divers de l'orchestre ailé.

On dirait l'âme de la forêt qui parle en
rêvant et raconte un songe printanier.

Le loriot et le pinson jabotent, et le coucou fait la basse ; et, comme pour représen-
ter la critique, Margot la pie fait, après
chaque morceau, grincer sa note aiguë.

Au bord d'une prairie dont l'herbe est semée de paillettes blanches, bleues, jaunes,
tombées de la main prodigue d'Avril, une
source s'épanche et s'étale sous l'ombre des
aunes, parmi les touffes de salicaire aux
feuilles lancéolées, les rubans d'eau, les
flambes, les scirpes de marais, les joncs et
d'autres plantes qui aiment l'humidité et la
fraîcheur. Avec un petit bouillonnement harmonieux, l'eau jaillit d'une fissure de rocher
que tapissent des mousses de velours. Avant
de prendre son cours, la source semble se
recueillir et rêver dans son bassin, sur un

lit de sable et de cresson. Son eau est si
pure, si cristalline, qu'on ne l'aperçoit
qu'aux petits points diamantés que fait
briller çà et là, sur ses rives, son imper-
ceptible remous, et aussi parce qu'elle
rend plus sombres les verdures et les reflets
submergés, comme un vernis ou une
glace sur un tableau.

Dans ce miroir d'acier bruni, Ingres eût
aimé à faire se réfléchir les pieds de marbre
de cette belle jeune fille nue qui laisse tomber un ruisseau de l'urne inclinée sur son
épaule. L'antiquité mythologique eût couché
une naïade sur ce vert gazon émaillé par les
turquoises des myosotis.

Mais la Nature, aujourd'hui, se passe fort
bien de ces embellissements, et les sources,
pour ne pas couler d'urnes grecques, n'en
sont pas moins poétiques. Toutefois, nous
ne dédaignons nullement les naïades et les
nymphes, et leur temple rustique fait bonne
figure dans le roman de Daphnis et Chloé,
qu'il faut relire une fois par an, selon

Gœthe, pour se remettre au ton simple et
naïf.

Près de ce bassin naturel, qui est une
coupe et un bain, les oiseaux se rassemblent
pour y tremper leurs becs et leurs ailes.
Dans leurs trémoussements, ils font rejaillir
l'eau en pluie de perles. Ils s'éclaboussent et
semblent rire comme des gamins : des branches sèches tombées dans la source et dont
quelques rameaux ressortent, des pierres
qui s'élèvent au-dessus du niveau comme
des écueils, leur servent de perchoir et de
séchoir ; et de là ils s'envolent en pépiant
sur les branches voisines, avec un bruit
joyeux et mutin, comme s'ils se querellaient ;
mais n'en ayez aucune alarme, ce sont des
disputes d'amoureux, bientôt suivies de tendres raccommodements.

De temps à autre passe un éclair bleu qui
rase l'eau : c'est le martin-pêcheur, avec son
aile où s'enchâsse un morceau d'aigue-marine. Il n'est là qu'en visite, ce n'est pas un
hôte des bois. La fraîche source l'a séduit ;

car il se tient habituellement sur le bord des
rivières, le long des oseraies, des rangées de
saules et des barrages de vieilles planches
où abonde le fretin dont il fait sa nourriture.
Il est un peu brusque et sauvage, et parfois
son départ rapide surprend le promeneur.

Qu'il fait bon s'arrêter au bord de cette
eau si pure et si tranquille, de s'asseoir dans
l'herbe moelleuse et de s'y tenir immobile
pour ne pas effaroucher cette population
charmante qui est bien là chez elle, et que
vous n'avez pas le droit de troubler !

D'abord les oiseaux auront peur et s'envo-
leront à quelque distance. Cachés entre
deux feuilles, ils vous observeront de leurs
petits yeux ronds et scintillants qui voient si
bien. Ils auront bientôt deviné que vous
n'êtes pas un chasseur.

Dès qu'ils comprendront que vous n'avez
envie ni de les tuer, ni de les empailler,
mais seulement de les regarder et des les
admirer en simple poète, ils seront vite rassurés. Le bâton couché auprès de vous, qu'ils

5

avaient pris pour un fusil, ne leur inspirera plus aucune crainte. Ils se rapprocheront, sûrs après tout d'être hors d'atteinte d'un coup d'aile, et vaqueront à leurs petites affaires comme si vous n'étiez pas là.

Quelque petit de la dernière couvée, sorti du nid hier peut-être avec son plumage encore un peu court, se hasardera tout près de vous pour contempler à son aise cet animal étonnant qu'il n'a pas vu dans les bois et qu'on appelle Homme.

Bientôt le cerf, enhardi, vous prenant pour une statue, viendra boire sur l'autre rive, en face de vous, relevant de temps en temps la tête, et laissant tomber des fils d'argent de son mufle noir.

A votre départ de la ville, vous aviez emporté un livre, quelque petit Horace elzévir, d'un format commode et n'encombrant pas la poche, ou tout autre poète moderne favori ; car dans les bois on ne peut pas lire de prose. Mais à quoi bon lire un livre imprimé quand on a devant soi, tout ouvert,

le grand livre universel, cette Bible d'images,
de parfums et de sonorités, si pleine de
sens mystérieux et vaguement profonds,
de phrases dont on entrevoit le mot, mais
qui ne se laissent pas arracher leur énigme ?

Épeler une seule ligne, au premier feuil-
let tournant sous votre doigt, suffit pour
occuper non seulement la journée, mais
toute la vie.

Penchez-vous vers l'herbe, et, entre les
bras de la fétuque, du pâturin, de l'agroste,
de la folle avoine, de la fausse ivraie, vous
verrez cheminer, si vous avez de bons yeux,
toute une armée d'insectes dans l'ardeur
d'une existence nouvelle ; car il y a quelques jours à peine, ils sommeillaient, enveloppés de leurs coques à l'état de chrysalides. Ils vont à leurs destins avec une
certitude instinctive, aucun d'eux n'ayant
vu ses parents et tous étant des enfants posthumes, dont une prévoyance étrange avait
arrangé la vie future. Ils cherchent leur
proie végétale, morte ou vivante ; ils se pré-

parent des retraites ; ils combattent leurs
ennemis, les dévorent ou en sont dévorés.

C'est la loi de nature, et la vie, chose
cruelle à dire, n'est qu'un carnage équili-
bré. Il se fait, sous ces touffes d'herbe,
entre infiniment petits, des massacres égaux,
sinon supérieurs aux plus grandes batailles
humaines.

Le temps passe vite dans cette solitude,
si animée sous son apparence tranquille, et
qui dépasse en habitants la ville la plus
populeuse.

Déjà le soleil, plus oblique, lance ses
flèches d'or à travers les palissades des
arbres, dont les ombres bleues s'allongent
sur les pentes du gazon. Les oiseaux se
rassemblent et cherchent la branche sur
laquelle ils doivent passer la nuit ; mais avant
de s'endormir ils se racontent les commé-
rages et les petits scandales de la journée.
Comme ils pépient, comme ils jacassent,
comme ils sautent, chacun apportant sa
nouvelle ! Les prudes déplorent la conduite

d'une oiselle qui se compromet. On a vu un chardonneret en conter à une fauvette.

Mais autant en emporte le vent, et la fauvette n'en sera pas moins bien reçue dans la bonne société.

Il est l'heure de vous acheminer vers la lisière de la forêt; mais en retournant à la ville, comme à regret et d'un pas lent, cueillez dans l'herbe les petites fleurs sylvestres qui se rencontreront sous vos pas : la violette parfumée, la primevère, la circée parisienne, le lierre terrestre, la pulmonaire, le narcisse des poètes, l'anémone, l'ancolie, le bouton d'or, et surtout la gentille pâquerette, cette marguerite en miniature qui porte un soleil dans une étoile et dont les pétales arrachés répondent aux questions amoureuses :

« Un peu, beaucoup, pas du tout. »

Qui ne s'est moqué de cette jolie croyance populaire, et qui n'a pas, à un certain moment de sa vie, interrogé la fleur avec une certaine anxiété, la jetant si elle ne rendait pas un oracle favorable ?

5.

Nouez le bouquet avec quelques-unes de
ces longues herbes dont les enfants se servent pour enfiler des perles, et, si la jeune
fille à qui vous l'offrirez ne le reçoit pas avec
autant de plaisir qu'un bouquet de Mme Pré-
vost, ce n'est pas la peine de questionner la
marguerite.

CHAPITRE IV

ELLE SE PARE POUR LA NOCE.

Voilà donc le printemps qui a fait son installation définitive : il règne dans toute sa gloire, et, couronné de fleurs, trône sous sa tente de verdure plus splendide qu'un pavillon de roi, quoiqu'elle n'ait rien coûté et qu'on n'y voie ni pans de velours, ni lambrequins, ni courtines relevées de câbles d'or, ni sentinelles veillant appuyées sur leurs armes.

Maintenant, le feuillage a partout caché l'armature des arbres. Par masses harmonieusement arrondies, il s'est suspendu aux branches, depuis les plus grosses, qui s'insèrent au tronc directement, jusqu'aux plus petites qui se subdivisent en rameaux presque capillaires. Mais à travers ces touffes

plus ou moins épaisses, la forme, le port,
l'attitude de l'arbre se distinguent toujours :
on reconnaîtrait le chêne, le hêtre, l'orme,
le frêne, le charme, le bouleau, quand bien
même la découpure et la coloration de la
feuille n'indiqueraient pas la diversité des
essences.

Quelle variété immense de tons, dans
cette livrée en apparence monochrome dont
la nature revêt le règne végétal ! Tout
cela, dans le pauvre langage de l'homme,
s'appelle du *vert*. C'est le mélange du
rayon jaune et du rayon bleu, mais la proportion n'est jamais la même ; et pour nous
servir des termes de la peinture, qui donnent mieux l'idée des nuances que des
descriptions approximatives ne sauraient le
faire, au bleu de Prusse fondamental se
mêle la nombreuse gamme des jaunes :
l'ocre, l'ocre de rue, le jaune de Naples,
le jaune de chrome, le jaune de Mars, le
jaune indien, les laques jaunes pour les
glacis ; plus quelques verts spéciaux, le

vert minéral, le vert de Scheel, le vert
Véronèse, le tout modifié par l'introduction
des gris argentés que nécessite le feuillage
des bouleaux, des trembles, des saules et
autres arbres de couleur pâle; et encore
quand on veut peindre une forêt, cette
palette est bien insuffisante.

C'est un axiome en matière d'association
de couleurs que le bleu et le vert ne vont
pas ensemble. — Un châle vert sur une
robe bleue! La pensée d'une telle barbarie
ferait évanouir une femme élégante; et
cependant c'est l'accord que la Nature, qui
s'y connaît, nous le supposons du moins,
emploie le plus volontiers. Nous en prenons
à témoin les innombrables cimes de forêts
verdoyantes qu'elle fait se découper sur le
fond azuré du ciel; mais elle sait rendre
harmonieux ce que l'homme laisse faux et
criard.

Se sentant abrités, enveloppés de mystère, dérobés à la vue des ennemis qui les
poursuivent, assurés d'une nourriture a bon-

dante et facile, les oiseaux qui se tenaient
tapis sous le mince abri d'une branche,
recevant la pluie froide sur leurs ailes alour-
dies, ou dans quelque fissure d'arbres ou
de rocher, tristes, ennuyés, solitaires, en
proie à la terreur des longues nuits, faisant
maigre tous les jours de la semaine, volè-
tent et chantent joyeusement pour célébrer
le retour de la lumière, la lumière bien-
aimée qui apporte la gaieté, la vie et la
chaleur. Comme Gœthe, ils disent : de la
lumière ! oh ! plus de lumière encore !

Avec le beau temps reviennent les amours ;
les galants cherchent leurs beautés. Ce n'est
par tout le bois que gazouillements, ramages, fredons, cris d'appel, déclarations,
aveux modulés, sifflés, pépiés, garrulés. Les
muets de l'hiver sont devenus les bavards
du printemps. Le pivert lui-même, ce rude
travailleur, dont on entend sonner de loin
le marteau contre le tronc des arbres,
essaie quelques gauches madrigaux devant
sa famille, qui fait la dédaigneuse, mais

n'est pas moins touchée ; car il y a chez les oiseaux, comme chez les hommes, des Jean-Jacques Rousseau et des Don Juan, les timides et les effrontés.

Le petit roitelet, l'oiseau-mouche de nos climats, si vif, si gai, si alerte, qui a, lorsqu'il marche, la prestesse de mouvement d'une souris effarouchée, et qui sautille à travers les haies, vous accompagnant d'un air moqueur, en gentil camarade à la fois craintif et familier, n'est pas le dernier à déclarer sa flamme, car il y a un grand cœur dans ce corps mignon. Vous le voyez sur la lisière du bois, aller et venir, la queue retroussée comme celle d'un coq, pétulant, affairé, sautant de ci, de là, ayant au bec tantôt un bout de crin, tantôt un brin de mousse ou quelque petite bûchette : au moindre bruit des feuilles, au plus léger froissement des herbes, il s'envole d'une brusque saccade ; mais bientôt il reparaît, et se rapproche par des sauts de côté, la queue toujours dressée, de ce tas de

fagots oublié là par quelque bûcheron qui
n'a pas voulu se donner la peine de le
traîner jusqu'à la ville, et où s'accrochent
déjà des guirlandes de lierre ; car la Nature,
cette infatigable brodeuse, profite du m indre
dre canevas pour y tracer ces élégantes
arabesques. Le petit gaillard, amant près
de devenir père, travaille au nid qui doit
contenir la famille future. Il se hâte, le moment de la ponte approche, et déjà la
femelle, pressentant la maternité, se place,
les ailes frémissantes, dans un berceau
qu'elle arrondit, dont elle raffermit le tour,
qu'elle imprègne de sa chaleur, qu'elle
attendrit de son âme maternelle ; car il est
toujours rude le passage du non-être à la
vie.

A cette douce tiédeur, la couvée éclora
bientôt. La frêle coque des œufs se brisera
et les petits se culbuteront sous le ventre
de la mère. En attendant ce bienheureux
jour, elle ne peut quitter le nid ; le moindre
air frais compromettrait l'avenir de la

couvée, et les oiseaux, sans avoir de thermomètre, connaissent le degré de chaleur qu'il
faut. Pourtant, elle s'est absentée un moment, rien qu'un moment; car la faim la
pressait, et le roitelet, parti aux provisions,
ne trouvant rien sans doute, ne revenait
pas. Une femelle de coucou, un oiseau énorme
si on le compare à notre petit camarade,
s'est abattue sur le nid et y a laissé un
œuf pas beaucoup plus gros que les autres;
puis elle s'est enfuie à tire d'aile, comme
une mauvaise mère qui a déposé son enfant
sur le seuil de l'hospice.

L'oiselle du roitelet est revenue aussitôt,
et ne s'est aperçue de rien; car les oiseaux,
bien que pleins d'intelligence, ne sont pas
forts en arithmétique. Les pies, qui sont
les Barème de la gent ailée, comptent, dit-
on, jusqu'à cinq. Mais les roitelets n'en savent pas si long; aussi notre couveuse ne
voit-elle pas que le nombre de ses œufs est
augmenté. Elle reprend sa place, et le roitelet revient, non pas tout droit, mais en

traçant des zigzags, destinés à dérouter
les yeux qui peuvent l'épier. Il ne veut pas
trahir la retraite qui abrite ses chères
amours. Il vole à droite, il vole à gauche,
sautille de branche en branche d'un air in-
différent et distrait, comme occupé d'autre
chose et regardant ailleurs. Puis, prenant
tout à coup sa résolution, après un coup
d'œil furtif jeté aux alentours, il fond comme
l'éclair sur le nid où l'attend la femelle, sa
petite tête à demi-renversée, la gorge ten-
due, le bec entr'ouvert. Un rameau tordu
surplombe le nid, et c'est sur ce rameau que
s'ébat le roitelet, l'amant, le mari, le pro-
tecteur qui pourvoit aux besoins de la jeune
mère, et dont chaque baiser est une bou-
chée. Ce ver appétissant, cette larve moelleuse, il a le courage de ne pas la garder,
et c'est un mérite pour un petit gourmand
de vif appétit; mais l'amour inspire le sacrifice.

Quel charmant ménage, quelle union, quel
accord, quelle passion de part et d'autre !

Comme ils se suffisent et se font un univers de quelques centimètres de circonférence, et combien de ménages humains devraient prendre modèle sur ces oiselets! Le petit monsieur emplumé ne passe pas les nuits au club, et pour s'absenter toute la journée, il ne prétexte pas la fameuse affaire Chaumontel, si plaisamment inventée par Balzac dans ses *Petites misères de la vie conjugale*.

Mais sous la lente chaleur de l'incubation, les petits sont éclos enfin. Tout autour du nid, rangés en cercle, s'ouvre une série de becs bordés de jaune, et parmi ceux-là un plus large et plus béant que les autres. C'est celui du jeune coucou, de l'enfant abandonné par de mauvais parents. Chose étrange! c'est l'intrus, le délaissé, le *Champi*, comme dirait George Sand, que le roitelet et sa femme aiment le mieux. Ils ne semblent pas s'apercevoir qu'il est d'une autre espèce que la leur; ce fort nourrisson, à l'insatiable appétit, les met en extase : comme il est

gros, comme il est dodu, comme il est déjà
grand et robuste pour son âge! Quelle différence entre lui et ces autres petits hâves,
maigrichons, mal venus! Ils l'admirent et
sont flattés, eux si mignons, d'avoir produit
cet énorme enfant. S'ils connaissaient ces
exhibitions américaines de bébés, où le bébé
le plus pesant est primé, ils y enverraient
leur coucou, qu'ils prennent pour un roitelet exceptionnel. C'est lui qui est toujours
le premier servi et qui gobe les plus fins
morceaux. Aux autres, après lui, s'il en
reste. Avec une activité extraordinaire, le
mâle et la femelle, tour à tour, vont à la
picorée, et le grand bec engouffre tout. Les
délicates créatures s'épuisent à rassasier
leur cher Gargantua. Tant bien que mal, la
couvée s'élève. Le duvet est remplacé par
les plumes, les ailes se garnissent, les queues
s'étalent déjà hors du nid trop plein. Le moment de la séparation approche; la famille
va se disperser. Se trouvant à l'étroit et
n'ayant plus besoin de personne, l'enfant

adultérin, qui a dévoré la substance des petits légitimes, s'envole sans dire merci, parfait symbole d'ingratitude, et prouve ainsi
qu'il possède l'indépendance du cœur, selon
la maxime de Nestor Roqueplan.

Quelques naturalistes, surtout parmi les
anciens, au temps où la science se contentait d'hypothèses et de légendes qu'elle ne
se donnait pas la peine de vérifier, ont prétendu que le jeune coucou mangeait ses parents adoptifs; c'est une calomnie. Mais il
ne faut pas lui savoir gré de cette sobriété,
et la lui imputer à vertu. Le coucou n'est
pas un rapace, quoiqu'il en ait quelques ca-
ractères extérieurs; il ne se nourrit que de
chenilles, d'insectes, de larves : autrement,
croyez-le bien, il ne se gênerait en aucune
façon, et croquerait, depuis le père jusqu'au
dernier petit, l'aimable famille de roitelets
qui l'a si gracieusement hébergé.

Perché sur le bord du nid, l'oiseau mignon, avec regret et mélancolie, voit s'en-
voler à travers l'épaisseur du bois le gros

9.

compère qui, plus tard, s'il le rencontre,
fera semblant de ne pas le reconnaître. Heureusement, les chagrins d'oiseaux ne sont
pas bien longs, et le roitelet se consolera
dans la compagnie de ses chères mésanges,
chez qui il trouve toujours bon accueil.

Dans la forêt, tout le monde entre en
ménage : linots, fauvettes, mésanges, bergeronnettes, pinsons, jusqu'aux oiseaux méchants, que le meurtre semble devoir occuper plus que l'amour ; les rapaces nocturnes
s'attendrissent et font rouler comiquement
leurs ye   ronds à l'iris de paillon jaune ou
orangé. Ils se donnent des grâces comme
des Sganarelles amoureux ; ils sont trouvés
charmants par leurs belles, aux oreilles de
chat, et ils admirent leur progéniture.
« Dieux ! que les hibous sont jolis ! » enten-
drait-on murmurer dans le creux des vieux
arbres, pour peu qu'on eût l'oreille fine, par
un père et une mère ravis de leur œuvre.

Sous l'influence de la douce atmosphère,
les nymphes se débarrassent de leurs larves,

et après la longue incubation de l'ombre, s'élancent gaiement vers la lumière,
enfants posthumes qui n'ont pas connu leurs
parents et qui ne connaîtront jamais leur
postérité. Des légions d'insectes munis
d'ailes, parés de brillantes couleurs, eux qui
naguère rampaient sous des livrées obscures,
voltigent et bourdonnent çà et là, enivrés
de la liberté récente, et jouissant avec
délices de la vie légère, ailée, capricieuse.
Après un sommeil de trois ans, le hanne-
ton, sûr de trouver son pain sur l'orme,
commence, se sentant riche comme la bou-
langère, à compter ses écus au soleil, en ouvrant et refermant, en manière d'éventail,
les lamelles de ses antennes; puis, écartant
comme les basques de l'habit marron, porté
par Lablache dans *Don Pasquale*, ses dures
élytres couleur de bronze florentin, il déplie
la gaze chiffonnée de ses ailes et s'envole
avec une pesanteur étourdie, se cognant à
tout, comme s'il ne voyait rien de ses gros
yeux myopes.

Il n'est pas besoin d'aller au bois pour
voir des couples amoureux. Regardez ce
vieux toit de colombier, ou plutôt de pigeon-
nier, si le mot vous paraît trop féodal et
sentant son castel à machicoulis et à tourelles en poivrières. Il est bien délabré,
bien effondré; quelques restes de chaume,
plaqués de mousses et où passent les violiers, les joubarbes, les iris de murailles,
pendent sur les poutrelles mises à nu
comme les lambeaux d'un vieux tapis turc
effiloché, passé, éteint, mais qui a encore de
belles taches de couleur. Les lierres, les
ronces, les saxifrages et toutes ces plantes
pariétaires qui ont besoin de l'humidité et
du salpêtre, ont escaladé, à l'envi, le pigeon-
nier en ruine, plongeant leurs griffes dans
les fissures des pierres disjointes, profitant
d'une rugosité du plâtre pour monter à l'as-
saut comme d'habiles gymnastes. Et c'est un
fouillis adorable et charmant, un mélange
de décombres et de plantes, une antithèse
de solives qui s'affaissent et de fleurs qui

jaillissent ; car jamais la nature n'est plus
vivace que sur la destruction ; elle fait le dé-
sespoir des propriétaires et le ravissement
des peintres. Ah ! comme à ce *vilain* pigeon-
nier croulant, le paysan ou le bourgeois,
également dénués du sens pittoresque, préférerait un colombier tout battant neuf, avec
sa tourelle correctement ronde comme un
cylindre, blanchie d'hier à la chaux, son
toit de tuiles d'un rouge vif et sa petite
porte-fenêtre peinte en vert dragon !

Mais les pigeons ne sont pas si bêtes ! Ils
s'ébattent par nuées blanches ou chatoyantes
sur ce toit où le soleil du matin fait, dans
les gouttes de rosée égrenées parmi les
mousses et les feuilles de vigne vierge, scin-
tiller mille diamants de la plus belle eau.
Ils trouvent mieux leurs aises dans cet
aimable désordre naturel, que dans la dure
symétrie humaine. Ces velours de lichen sont
moelleux ; cette latte en travers, qui a laissé
tomber son crépi, offre aux pattes roses un
commode perchoir. Où pourrait-on placer,

plus confortablement, un nid qu'au fond de
cette alcôve formée par un effondrement du
toit, et protégée par deux vieux chevrons qui
se croisent !

Aussi ce chaume en pente sur ce mur
croulant, au fond de ce jardin en friche abandonné aux végétations folles, est-il une Cy-
thère pour les oiseaux jadis chers à Vénus,
et qu'elle doit aimer encore, si, comme Henri
Heine le prétend, les dieux de la mythologie subsistent toujours, cachés sous d'humbles déguisements ; et il doit le savoir, lui
que nous avons plus d'une fois soupçonné
d'être l'Apollon antique ayant appris l'allemand à l'université d'Iéna. L'Aphrodite d'or,
pour nous servir de la belle épithète homé-
rique si souvent appliquée à Vénus, rencon-
trerait là, pour renouveler l'attelage de son
char, des couples superbes, des races ma-
gnifiques, inconnues peut-être à l'antiquité.
Il y a par ce toit des pigeons de bien des espèces : le pigeon capucin, le pigeon pattu,
qui a l'air d'un raffiné du temps de Louis XIII,

avec ses bottes à chaudron remplies de dentelles ; le pigeon comme un moine, celui qui
se rengorge dans sa cravate ainsi qu'un
merveilleux du Directoire ; le pigeon-paon,
fier de sa beauté, paradant avec fatuité devant les belles, et manœuvrant sa queue en
éventail ; quoiqu'elle ne soit pas ocellée
comme celle de l'oiseau de Junon, la lumière
s'y joue en éclairs irisés, capables d'éblouir
une amante.

Et tout le jour et toute la nuit, sur le vieux
toit du colombier où palpite l'amour heureux, c'est pourtant une éternelle plainte et
comme le soupir d'un cœur étouffé qui se
pâme.

CHAPITRE V

ELLE RÊVE AU BORD DE L'ÉTANG.

Si vous êtes paysagiste et que vous erriez dans une campagne peu fertile en motifs pittoresques, quand vous entendrez au loin les grenouilles chanter en chœur les vers onomatopiques d'Aristophane : *Brekekekex, coax, coax,* marchez de ce côté, et bientôt, débouclant la bretelle de votre boîte à couleurs, vous piquerez en terre le bout ferré de votre parasol.

En effet, guidé par ce coassement, semblable au bruit d'un verre qu'on rince, vous arriverez bientôt à quelque jolie mare étalant sa nappe dormante sous une ligne d'oseraies, près de quelque vieux saule curieusement difforme, et rappelant, avec sa tête à demi-ébranlée, la perruque hérissée d'un Sylvain; l'endroit sera charmant, plein de fraîcheur et abondant en détails gracieux. La grenouille annonce l'eau, qui est la vie du paysage, l'élément fluide et mobile où la lumière tremble et se reflète comme dans un miroir vagabond. La présence de l'eau fait naître l'herbe et la verdure, et il n'en faut pas davantage pour faire un tableau. Ces petits coins prêtent plus que les ambitieux points de vue, les grands horizons et les vastes panoramas alpestres.

Les grenouilles ont cet honneur d'avoir occupé de bien grands poètes : Homère, Aristophane, La Fontaine. Le premier a chanté leurs luttes avec les rats dans une épopée burlesque; le second en a fait les choristes d'une de ses plus mordantes comédies; le troisième leur a confié les rôles principaux de plusieurs de ses fables. Elles figurent aussi dans une vieille chanson de campagne que nous ne prétendons pas comparer à la poésie de ces divins maîtres, et

7

qui a cependant un certain sentiment d'harmonie imitative dont l'oreille se berce. Nous
l'avons entendu chanter autrefois dans un
petit village perdu, où nous allions passer
nos vacances, par une parque rustique qui
filait sur le pas de sa porte, et l'air, dont
voici les paroles, s'accommodait assez bien
avec la basse continue du rouet, rythmée
par le clapement de pied de la fileuse.

> Pleut, pleut, mouille, mouille,
> C'est le temps de la grenouille.
> La grenouille a fait son nid
> Dans l'étable à nos brebis;
> Nos brebis en sont malades,
> Nos moutons en sont guéris.

Nous ne savons pourquoi, ces vers, ou
plutôt ces lignes terminées par des asso-
nances plus ou moins vagues, nous char-
ment dans le sens magique du mot, et produisent sur nous une espèce d'incantation.
Ils tintent à notre oreille comme les gouttes
de pluie fouettant la vitre, ou glissant de

feuille en feuille, ou courant en fumée sur
la pente des toits; ils font le bruit monotone et clapotant de l'eau tombant dans
l'eau, et vous donnent une sensation de
fraîcheur humide, dont le thème dominant
est l'idée de grenouille. C'est en même
temps un pronostic et une observation d'hy-
giène rustique, comme en font les bergers,
toujours occupés d'astrologie et de méde-
cine, et au fond un peu sorciers. Et si l'on
a l'imprudence de se laisser prendre une
fois au bourdonnement fatidique de cette
pluvieuse cantilène, on ne peut plus s'y
soustraire, et vous voilà murmurant d'une
lèvre machinale : « Pleut, pleut, mouille,
mouille », du matin jusqu'au soir, au grand
dérangement de vos contemporains, à moins
pourtant qu'ils ne subissent l'influence, et
ne se joignent à vous comme un chœur.
Alors « la scie a toutes ses dents », comme
on dit en langage d'atelier.

Les critiques forts en histoire naturelle,
comme en toutes choses, objecteront peut-

être que la grenouille ne fait pas de nid et n'habite guère les étables. Cependant nous pouvons certifier, d'après le témoignage de Rouvière, ce prêtre de Shakespeare, ce grand artiste mort à la peine, qu'il se rencontre parfois des batraciens dans les granges. Rouvière, pour essayer l'effet de la poésie sur l'âme neuve des paysans, jouait *Hamlet*, avec une troupe de rencontre, sous une espèce de hangar qu'on avait, tant bien que mal, disposé en théâtre. C'était presque aussi primitif que le *Chariot de Thespis*. A la scène du spectre, lorsque le prince de Danemark frappe du pied le sol en disant : « Paix là, vieille taupe! » un formidable coassement répondit, en lui désobéissant, à l'injonction d'Hamlet. Quelques grenouilles, qui dormaient là dans une flaque d'eau sous les planches, s'éveillèrent en sursaut au coup de talon de l'acteur, et, se souvenant d'avoir chanté pour Aristophane, ne dédaignèrent pas de donner la réplique à Shakespeare.

Au grand monologue où le prince Hamlet se pose les insolubles questions qui tourmentent la pensée humaine sur l'être et le non-être, sur la vie et la mort, sur le rêve possible de la tombe, les grenouilles prirent encore la parole et semblèrent donner la réponse de la nature. Un pareil accident a pu arriver au grand poète anglais, lorsque, peu connu encore, il remplissait le rôle du spectre dans le premier Hamlet, qu'il corrigea depuis d'une main si magistrale.

Revenons, non pas à nos moutons, mais à nos grenouilles. Les voilà sur le bord de leur mare, prêtes à faire le plongeon, au moindre bruit, par une tête piquée, dont les caleçons rouges du bain Deligny envieraient la correction. La grenouille semble chargée par la nature de donner des leçons de natation à l'homme, dont elle rappelle vaguement la structure. Elles ont les pattes de devant repliées sous la poitrine, celles de derrière ramassées le long de leur corps ; leur échine fait une protubérance comme si

7.

elles avaient les reins cassés, et leurs beaux
yeux, aux cercles d'or, saillent sur leur tête
comme les cabochons sur un bijou oriental
ou byzantin. Leur dos se nuance d'une
couleur de bronze verdâtre qui se fond sous
le ventre en blancheur argentée. Des doigts
délicats, que relient de fines membranes,
terminent leurs membres comme de petites
mains et en font un animal agile, propre,
plutôt joli que laid, qui a sa caricature
dégoûtante et monstrueuse dans le crapaud.

Comme elles ont l'air de se trouver bien
au bord de ce bassin bordé de myosotis,
encombré de salicaires, de rubans d'eau,
de nénuphars, qui les soutiennent sur leurs
larges disques comme des radeaux ! Les
mâles, gonflant les poches de leur gorge,
coassent avec animation, comme si le son
de leur propre voix les excitait ; les femelles
ne font entendre qu'un faible murmure
approbatif, car elles n'ont pas de voix. Elles
happent les mouches et les cousins qui volè-
tent étourdiment çà et là, avalent quelques

bestioles nageant à leur portée, et, sautant
sur une branche morte tombée en travers
de la mare, ne reprochent pas à Jupiter,
comme les grenouilles de la fable, de leur
avoir donné pour roi un soliveau. Aucune
n'a la sottise de demander, à la place du
monarque inoffensif, le héron qui les gobe-
rait. Malgré tout l'esprit des fabulistes, les
animaux sont encore plus sages dans la nature que dans l'apologue. Pilpay, Ésope,
Phèdre et La Fontaine leur ont trop souvent
prêté les ridicules, les vices et les folies des
hommes.

Bien qu'elle soit d'un naturel pacifique,
la grenouille a ses ennemis. Les échassiers,
de leur long bec, la piquent à défaut de
poisson ; les serpents l'attaquent, et, disten-
dant leurs mâchoires, finissent par l'engloutir. L'homme la pêche, et, lui coupant les
cuisses à la hauteur des reins, en fait un
bouillon qui ressemble au bouillon de poulet,
ou bien encore l'accommode en friture. Il n'y
a pas longtemps qu'on appelait, en Angle-

terre, les Français « mangeurs de grenouilles, » et qu'on croyait que ce batracien for-
mait la base de leur nourriture.

Rien de plus triste que de voir ces troncs,
vivant encore, séparés de leurs extrémités
inférieures, sauteler péniblement le long de
la mare comme des culs-de-jatte, en s'ap-
puyant sur leurs pattes de devant. Mais qui
est-ce qui a pitié d'une grenouille ? Victor
Hugo peut-être, qui, dans son effusion pan-
théiste, a consacré aux tortures d'un crapaud une si magnifique poésie.

Quelquefois, cependant, un sort plus doux
attend la grenouille captive ; pour peu
qu'elle soit alerte et mignonne, que sa robe
verte ait de belles rayures d'or et que le
blanc de son ventre soit pur, on lui donne
pour prison un bocal de verre bien transparent, rempli d'une eau limpide, où plonge
une échelle de grosse paille ou de légères
bûchettes. Et voilà la pauvre grenouille
transformée en baromètre vivant. Sensible
aux variations hygrométriques, elle prédit

la pluie et le beau temps en descendant ou
en remontant les échelons. Trop heureuse si
quelque jour un médecin, un physiologiste,
n'a l'idée de la retirer de là et de lui éten-
dre la patte sur l'objectif d'un microscope,
pour démontrer, par transparence, la circulation des globules de sang, ou, ce qui serait
pire, de lui découvrir un nerf avec le scalpel
et de le mettre en contact avec la pile de
Volta.

La promesse du chœur aquatique n'a pas
été menteuse. L'eau abonde, se répand dans
les dépressions du sol, eau tombée du ciel
ou extravasée par de petites sources qui ne
trouvent pas leur cours. Elle baigne le pied
des arbres, amis de l'humidité, et dont les
racines plongent volontiers dans la vase. Il
y a là de vieux chênes, qui étendent leurs
branches transversales comme des bras qui
prêteraient serment, des bouleaux frêles et
inquiets, au feuillage glauque et blanc, dont
l'écorce de satin se déchire et s'effiloche, et
qui enlèvent en clair leur silhouette pâle de

ce fond de sombre verdure ; des frênes, des hêtres, et tout un enchevêtrement de vivaces frondaisons formant une noire caverne de verdure impénétrable à la lumière et à la chaleur.

Sur le devant, là où les arbres éclaircis laissent l'eau miroiter plus librement, le soleil frappe d'un rayon oblique des masses confuses de joncs, de roseaux, de fers de lance, de glaïeuls, de prêles, de plantains d'eau dont il harmonise avec un glacis d'or les verts pâles. Des conferves, des nymphéas, s'étalent aux places stagnantes entre les touffes d'herbes aquatiques dont un souffle agite les mobiles aigrettes, et parmi cette épaisse forêt de plantes circule un monde d'insectes, d'araignées d'eau, de ditisques, de tritons et de salamandres qui se plaisent beaucoup plus au fond des mares qu'au milieu des flammes, comme on le croyait autrefois.

De l'arcade profonde décrite par le feuillage, un grand oiseau s'envole. C'est un hé-

ron qui est venu chercher dans cette solitude
marécageuse une retraite paisible et sûre.
Le héron est de nature mélancolique ; les
endroits déserts, d'accès difficile, où l'homme
passe rarement, lui conviennent. Il reste là,
au bord de l'eau pendant des journées entières
en équilibre sur une de ses longues pattes,
le bec reposant sur son jabot, dans une im-
mobilité si parfaite qu'il ne remuerait pas
davantage empaillé derrière la vitrine d'E-
vans, au quai Voltaire. A travers son rêve
indéfini, l'œil demi-clos, il guette le passage
de quelque poisson avec une patience de
pêcheur à la ligne sur un quai de la
Seine.

Son costume est sérieux, comme il convient à un philosophe : habit noir à longues
basques, un peu de blanc à la poitrine simu-
lant le linge, et derrière la tête une fine ai-
grette de plumes couchées qui, jadis fixait
au turban des califes quelque escarboucle
de Gimschid, ou quelques diamants de Vi-
sapour.

Autrefois, le héron jouissait, dans le monde cynégétique, d'une haute estime. C'était un oiseau de grand vol, dont les princes et les puissants barons féodaux se réservaient la chasse, sous les peines les plus sévères. Alors, sur la lisière d'immenses forêts fourmillantes de gibier, s'étendaient de vastes marécages, des étangs poissonneux bordés d'une ceinture de joncs, et que personne n'eût osé dessécher pour assainir le pays et les mettre en culture. Des brumes matinales montaient de l'eau stagnante et plombée, et de loin, comme à travers une gaze argentée, on apercevait l'oiseau solitaire, semblable à une boule fichée dans une broche, en méditation sur la rive.

Le pont-levis du manoir féodal, flanqué d'échauguettes, de machicoulis et de tourelles en poivrière, s'abaissait, et de l'ogive pratiquée dans la maîtresse tour débouchait un brillant cortège. Le châtelain en surcot mi-parti et la châtelaine inondant de sa

jupe armoriée la croupe de son palefroi, sor-
taient, portant sur le poing leurs faucons encapuchonnés, suivis de leurs pages,
d'écuyers et de valets de chiens.

Arrivée dans la plaine, la cavalcade con-
tournait l'étang ou suivait la chaussée destinée à contenir les eaux. A ce bruit insolite
qui venait troubler le silence et la solitude
de sa retraite, le héron inquiet redressait
son long col pour examiner l'ennemi, lointain encore, faisait claquer son bec, posait
à terre la patte qu'il tenait repliée sous son
ventre, et brassait l'air sous ses ailes comme
pour se préparer au vol.

Décidément c'est à lui qu'on en veut; il
l'a compris et prend l'essor. Il faut essayer
de la fuite avant de risquer le combat. Son
vol est lent d'abord. — Le héron n'est pas
rapide, mais possède une grande force ascen-
sionnelle. — Peu à peu il s'élève et parvient
à une assez grande hauteur. Sa découpure
noire a déjà beaucoup décru sur le gris brumeux du ciel. Ses pattes tendues en arrière

8

et son long bec pointu en avant se distinguent à peine.

On a décapuchonné les faucons. Éblouis
un instant du grand jour, ils promènent autour d'eux le rigide regard de leurs prunelles d'or, comme pour se reconnaître. Puis,
hérissant leurs plumes, secouant leurs ailes,
obéissant à l'impulsion du poing qui les envoie en l'air, ils s'élancent brusquement et
partent à la poursuite de la proie qu'il s'agit
de *lier*, comme on dit en termes de fauconnerie.

Ils montent, ils montent pour dominer le
héron et se laisser tomber dessus, à pic, du
haut de l'air ; mais l'oiseau poursuivi a
deviné cette tactique. Il rabat son vol, replie
son col et présente son bec aigu comme une
épée à la descente impétueuse du faucon,
qui, parfois, s'enferre et se tue lui-même
comme un duelliste trop fougueux.

Mais un autre faucon reprend la place, et
il faut bien que la victime succombe.

C'était là, du moins, une mort noble, élé-

gante et seigneuriale, avec quelques chances
de salut. Maintenant que la chasse au vol
n'est plus pratiquée que par quelques tri-
bus de l'Algérie, qui ont conservé les traditions de la fauconnerie du moyen âge, on
n'y met pas tant de façons. Le héron, ce gibier royal, se tire au fusil, comme le canard,
ou se prend au lacet. Décadence que pré-
voyait Louis XIII, ce grand amateur de la
fauconnerie, et qui rendait sa mélancolie
plus noire encore.

Les marais sont desséchés, les solitudes se
peuplent, l'animal se retire devant l'homme,
et bientôt le héron aura disparu comme l'au-
rochs, comme l'outarde, comme le castor,
comme le lodo d'Australie, comme la baleine,
déjà obligée de se réfugier sous la calotte
des glaces du pôle. Il y a encore quelques
héronnières en Hollande, où l'espèce se con-
serve facticement et presque comme une curiosité.

La grue n'est pas aussi rare ; ses voyages
la protègent. Elle vient du nord de l'Eu-

rope, passe l'automne dans nos climats, et
va prendre ses quartiers d'hiver en Afrique
et dans l'Asie méridionale, où la vie des
bêtes est respectée et où on ne connaît pas
cette aveugle fureur de chasse qui tend à
dépeupler le globe. La grue, d'ailleurs, n'est
pas un oiseau solitaire et morose comme le
héron. Elle aime à vivre avec son espèce, et
quoique vous la voyiez en ce moment plan-
tée toute seule sur ses longues échasses, au
milieu de touffes de roseaux, guettant le passage de quelque proie, elle saura bien, le
jour venu, aller rejoindre la grande troupe
en partance pour le Caire ou la seconde cataracte, et se mettre à son rang dans la file.

CHAPITRE VI

ON CUEILLE FRAISES ET VIOLETTES.

Aller cueillir la violette au bois est un joli motif de promenade ; rien de plus charmant que de voir une belle fille de dix-sept ans, même quand ce serait une de celles que célébrait Mürger, et qui, la veille, dansait à la closerie des Lilas, courir joyeusement à travers les arbres, traînant après sa robe blanche rayée de rose quelque brindille accrochée, heureuse, gaie, insouciante, ayant retrouvé, au sein de la Nature, son innocence et ses frais instincts d'autrefois. Combien d'ardeur elle met à sa cueillette, et quel prix elle attache à ce bouquet qu'elle pique à son corsage, et qui vaudrait bien un sou sur le pont des Arts ! Jamais botte de camélias blancs entourés de violettes de

Parme ne lui fera pareil plaisir, sur le rebord de velours d'une avant-scène, à une première représentation d'un petit théâtre.

Mais c'est aussi une grande joie de chercher, sous les feuilles, au revers des pentes gazonnées, le long des étroits chemins, dans les clairières où tombe un rayon de soleil, la fraise rougissante qui est comme la pudeur des bois.

Quelles délicates nuances de carmin sur ces petits cônes ponctués de légères mouchetures, qui sont les graines ! Ceux-ci commencent à se colorer de pourpre d'un côté ; ceux-là sont déjà tout rouges ; d'autres restent d'un blanc verdâtre, où un faible rose se mêle à peine. A les voir briller çà et là dans l'herbe, on dirait un collier de corail dont le fil s'est brisé et dont les grains éparpillés sont roulés à terre. Il s'agit de réunir ces grains disséminés dans la forêt et de les rassembler au fond d'un mignon panier ou d'un chapeau de paille garni de feuilles.

De grand matin, lorsque la rosée couvre encore de son réseau les herbes, les fleurs et les feuilles, les enfants du village, garçons et filles, partent pour le bois et vont à la cueillette des fraises. Ils se dispersent dans toutes les directions. Il en est qui, observateurs précoces, connaissent les bons endroits, les expositions favorables, et font une récolte plus abondante que les autres. Comme ils ne s'élèvent pas, vu leur âge, beaucoup au-dessus de la terre, et qu'ils ont la vue perçante du sauvage, ces petits *travailleurs*, pour nous servir d'une expression à la mode, ne laissent pas échapper une seule fraise. Un cri de joie annonce chaque découverte ; on court, on se précipite, on s'agenouille. Les mains hâlées écartent le feuillage, et le fruit vermeil est délicatement détaché.

L'enfance est gourmande pour le moins autant que cruelle ; plus gourmande même que cruelle, quoique La Fontaine ait dit : « Cet âge est sans pitié », et il faudrait

vraiment une grande force d'âme à ces enfants, petits Tantales de village, pour ne
pas porter leur trouvaille à leur bouche et
la déposer avec un regard de regret dans la
corbeille déjà à moitié pleine ! C'est un
stoïcisme digne de Marc-Aurèle. Il n'est
pas dit cependant qu'on résiste toujours à
la tentation, et parfois la bouche rose gobe
la fraise rouge. Mais le cas est rare. Les
fraises des bois ont un goût si fin, un parfum si pénétrant, une couleur si fraîche,
qu'elles se vendent cher à la ville. Qu'elles
sont excellentes, ces petites sauvages qui
courent les bois, traçant toujours devant
elles, se repiquant toutes seules, égrenant
leur trésor vermeil dans tous les coins, et
le livrant de bon cœur à l'oiseau, à l'insecte, au pauvre, à l'enfant, au braconnier,
au petit Chaperon rouge égaré, au poète
songeur, aux amants dont les doigts se
rencontrent sous l'herbe, à Jacques le Mélancolique, qui philosophe si bien sur la
mort des cerfs, et à tous les rôdeurs syl-

vestres ! Leur saveur franche, avec son bouquet de nature, est bien préférable à celle
de ces grosses fraises venues par artifice,
qui ne renferment dans leur enveloppe
pourprée, qu'une espèce de neige insipide
et spongieuse, graisse malsaine de l'escla-
vage, embonpoint morbide de la captivité,
dont sont exemptes les petites fraises, agiles
coureuses de bois que la liberté dégage
de toute lourdeur indigeste et rend saines
comme elle.

Ce sont ces fraises ananas, poussées sur
couche, qui figurent comme primeur à la
table des riches, groupées trois ou quatre
dans de petits pots de terre cuite, semblables à ceux où l'on met les plantes naines
des serres de salons. Certes, il y a un certain plaisir, dans les civilisations dépravées,
à contrarier la Nature, à braver l'ordre des
saisons, et à manger les fruits du printemps
quand la neige couvre encore les toits. Mais
quel chauffage au charbon de terre, à la
houille, à la vapeur d'eau peut valoir la

tiède et lente chaleur du soleil, tamisée par les éclaircies de la forêt? C'est pourquoi il vaut mieux attendre que la fraise, au milieu de ses feuilles dentelées d'un vert sombre, ait découpé les cinq pétales blancs de sa fleur mignonne, qui, bientôt, se replient et laissent pointer le fruit rougissant au pur arome, à la saveur exquise, élixir des sucs terrestres, goutte parfumée du pur sang de Cybèle. En cela, les pauvres diables sont mieux servis que les millionnaires, qui, d'ailleurs, ne dédaignent pas de leur emprunter ce dessert recueilli dans les bois, et qui fait si bonne figure dans une jatte de vieux Sèvres, de Saxe ou du Japon, sous une neige de sucre que fond une mousse de vin de Champagne. Mais combien meilleure elle est encore, la fraise des bois, toute fraîche arrachée de sa tige et croquée sur place, quand vit encore en elle l'âme de la forêt!

Un savant, que nous consultons, nous étonne en nous disant que la fraise (*fraga-*

ria vesca) rentre, ainsi que la framboise,
dans la Polypétalie-péristaminie-polygynie
de Linné. Nous n'en doutons pas ; mais cette
nomenclature nous semble passablement
horrifique. Il nous assure, en outre, qu'elles
font partie de la famille des pommes, des
poires et des prunes, ce qui nous surprend
davantage. L'air de parenté n'est pas bien
sensible. L'une et l'autre, framboise et fraise,
contiennent de l'acide citrique et malique en
proportions un peu différentes, qui en modifient la saveur. Mais les belles filles age-
nouillées dans l'herbe, au risque de verdir
leur robe, cherchent la fraise sans s'inquié-
ter de ces détails techniques. Elle a du
goût, elle sent bon, elle est rose comme les
lèvres de la jeunesse et se donne pour rien.
Que faut-il de plus ?

Encore celle-ci, et puis celle-là. Peu à
peu on perd les sentiers frayés par les
bûcherons et les chasseurs, on s'enfonce au
cœur même de la forêt. Oh! comme on se
sent libre dans cette solitude ! Aucun bruit

humain n'y arrive ; pas même le son d'une cloche pour vous rappeler qu'il y a là-bas des villages. Aucune des gênes de la civilisation ne pèse plus sur vous. Les lois n'existent plus ; vous aspirez à pleins poumons un air qui n'a passé encore par nulle autre poitrine. La saine odeur du feuillage vous arrive et vous inspire de folles idées d'indépendance. On voudrait, imitant les Outlaws, vivre à sa fantaisie « sous les vertes branches », comme dit la vieille ballade anglaise. Il semble qu'il n'y ait pas de plus belle existence que celle de Robin Hood et de ses compagnons Clym de Pierre et William de Cloudeslie. On souperait volontiers d'une tranche de venaison prélevée sur un daim du roi, et l'on se voit, comme dans un roman de Walter Scott, un pourpoint en drap vert de Lincoln sur le dos, un grand arc de frêne à la main, courant les taillis, et le soir allant frapper à la porte du joyeux ermite qui héberge Richard Cœur-de-Lion dans *Ivanhoë*.

Qu'elle est épaisse et touffue, cette haute futaie qui monte vigoureusement vers le ciel, abritant de jeunes semis de frênes et de hêtres ! De loin en loin, le feuillage est troué de quelques losanges d'azur et de quelques points lumineux qui étincellent comme des diamants. La sève forte et généreuse de la terre circule dans les fibres du bois et s'épanouit en frondaisons vivaces qui boivent la pluie, aspirent la lumière et se gorgent d'air salubre. Quelle force de vie dans ces grands arbres dont les têtes se balancent, dont le feuillage bruit, et qui, émus par la plus légère brise, semblent, avec de mystérieux chuchotements, se conter à l'oreille les secrets de la Nature !

Quelles peuvent être les idées des végétaux ?

C'est une question que se pose le songeur dans ses promenades au sein des bois.

Sous leur apparence immobile, les arbres et les plantes sont doués d'une existence qui ressemble à celle des êtres animés. Ils

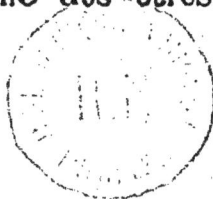

9

naissent, ils croissent, ils respirent, ils ont
leur sexe et leurs amours. Ils se multi-
plient, ils sont malades, ils vieillissent, ils
meurent.

Vous le voyez, ils parcourent tout le
cycle de la vie. Pourquoi n'auraient-ils pas
une sorte de pensée vague, indistincte,
obscure, nous le voulons bien, mais suffi-
sante à occuper leurs longs loisirs? A cent
ans, un chêne est tout jeune ; sa vie se
prolonge pendant des siècles. Il est des
patriarches de la forêt qui ont vu passer
sous leurs rameaux François Ier ou Maxi-
milien, empereur d'Allemagne, les grands
chasseurs, les Nemrods de la royauté. Les
années glissent comme des gouttes d'eau
sur leurs feuilles robustes, et le Temps,
rongeur des choses, *Tempus edax rerum*,
ne semble pas compter avec eux.

On montre encore aujourd'hui, à Buyuk-
deré, sur la rive d'Europe, le platane qui
abritait Godefroy de Bouillon regardant son
armée franchir le Bosphore, pour aller en

ON CUEILLE FRAISES ET VIOLETTES 99

Asie à la conquête du saint Sépulcre. Une
vie si prodigieusement longue sans pensée,
cela n'est guère croyable. Les arbres n'ont-
ils aucune rêverie ? Ne retiennent-ils rien
de ce que leur disent les souffles chauds de
l'été, les froides rafales de l'hiver, les oiseaux qui nichent sur leurs branches, les
hommes qui s'arrêtent sous leur ombre ?
N'entendent-ils pas ce que la nuit confie au
silence ; ce que balbutie la solitude en-
nuyée ; ne saisissent-ils pas le murmure
indéfini du grand Tout ? N'ont-ils nul sentiment de ce qui les entoure ? Ne compren-
nent-ils pas la foudre qui les frappe, la
hache qui ouvre dans leurs troncs des en-
tailles vermeilles comme des blessures ? Il
est difficile de les supposer insensibles à
ce point ; l'antiquité, plus près de la Nature que nous autres modernes, malgré
toute notre science, attribuait aux arbres
une vie mystérieuse ; elle leur accordait la
pensée et la voix, et recueillait religieuse-
ment les oracles des chênes de Dodone ! La

proue du navire *Argo,* faite de ce bois, parlait. Sous la rude écorce, la mythologie cachait de blanches divinités. L'arbre participait à la vie universelle.

Quand on erre à travers une forêt, on sent ce que les anciens appelaient « l'horreur sacrée des bois », on comprend qu'un mystère vous enveloppe, et dans l'ombre indécise flottent des formes dont on n'ose pas fixer le contour.

Il semble qu'on est importun, qu'on dérange la solitude, et qu'à votre approche quelqu'un s'est brusquement retiré. Les arbres, les plantes et les fleurs ont l'air de changer de conversation, comme on fait dans un salon lorsqu'entre un fâcheux interrompant un entretien intime. Le secret que l'homme cherche à deviner et que sait la Nature, vous alliez peut-être le surprendre ; mais eussiez-vous le pas aussi léger qu'un Peau-Rouge chaussé de ses mocassins, votre pied a déplacé un caillou, froissé une herbe, fait tomber les gouttes de rosée d'une fleur sauvage ; tout à coup un petit oiseau s'envole et va signaler aux vieux chênes l'apparition de l'ennemi, c'est-à-dire de l'homme. La forêt se tient alors sur la réserve et ne dit plus que des choses insignifiantes ; les fleurs replient leurs corolles, et les chanteurs se taisent.

Pour un moment la vie semble s'être arrêtée.

Au bout de quelque temps, quand on a reconnu en vous un rêveur inoffensif, un poète incapable de ces meurtres inutiles que les chasseurs commettent sans remords, tout ce monde craintif se rassure. Les arbres causent avec le vent ; les oiseaux sautillent à travers les branches, continuant leurs caquets ; les moucherons reprennent leurs valses dans les bandes lumineuses où se donnent leurs bals, et la Nature vaque à ses petites affaires comme si vous n'étiez pas là.

Asseyez-vous comme Tityre, le berger virgilien, sous le couvert d'un hêtre, et

9.

regardez ce charmant fouillis de végétation
dont le soleil fait ressortir les mille détails.
Ici le houx découpe sa feuille aux dards pi-
quants ; là, sous le vif rayon, en pleine lumière, la fougère étale ses nervures flexi-
bles, dentelées de petites feuilles ponctuées
de stigmates qui, au printemps, sont les
fleurs ; on dirait des palmes ; et, en effet,
sous les tropiques, les fougères ont le port
et la taille du palmier. Elles s'élèvent à
plus de douze mètres. Dans le monde primitif, emporté par les cataclysmes dont
l'histoire n'a pas gardé souvenir, mais que
racontent les couches profondes de la terre
lorsqu'on les interroge, les fougères avaient
des proportions gigantesques. Chez nous,
ce ne sont plus que des arbustes qui fournissent, étant brûlés, beaucoup de soude
propre à la fabrication du verre. Aussi
trouve-t-on souvent, dans les anciens
poètes et chansonniers bachiques français,
des expressions analogues à celle-ci :

Le vin qui rit dans la fougère.

Mais cette figure est tombée en désuétude et ne se comprendrait plus.

Entre les fougères et les houx se pressent les herbes, les graminées, les fleurettes. A leurs pieds, les mousses entassent leur feutre vert ou mordoré.

De toutes ces plantes chauffées par le soleil les parfums se dégagent et se répandent dans l'air comme les fumées d'une cassolette. Enivrés de ces senteurs, les insectes volent et bourdonnent avec une activité extraordinaire. La tipule tourne autour des chênes, la cantharide, émeraude enflammée, fait briller son point d'or vert sur l'écorce argentée du frêne ; la fourmi, agitant ses antennes délicates, se fraie un chemin à travers les brins de gazon, la cicindèle, courrier à livrée verte, voltige devant le promeneur, et le cerf-volant, ce rhinocéros des insectes, caparaçonné de sa lourde armure noire, court sur le sable chaud à la recherche de sa proie.

A qui vient de la ville tumultueuse où la rumeur humaine ne s'éteint jamais, le silence semble d'abord profond. Peu à peu l'oreille s'y habitue et discerne mille petits bruits qui lui échappaient et qui sont les voix de la solitude.

La feuille inquiète frissonne toujours et frémit comme une robe de soie; une eau invisible murmure sur l'herbe; une branche fatiguée de son attitude se redresse et s'étire en faisant craquer ses jointures. Un caillou perdant l'équilibre ou poussé par un insecte, roule sur une pente, avalanche en miniature, entraînant quelques grains de sable avec lui; une palpitation subite d'ailes d'insecte ou d'oiseau fouette rapidement l'air; un gland se détache, rebondit de feuille en feuille et tombe sur le gazon avec un son mat; une bête passe froissant l'herbe; un oiseau jargonne, un écureuil glapit en escaladant un arbre, et le pivert, avec un bruit régulier comme le tic tac d'une pendule, ausculte et frappe du bec l'écorce des ormes pour en faire sortir les scolytes dont il se nourrit.

Le vent passe sur la cime de la forêt en y creusant des ondulations qui se déroulent comme des vagues, et produisent de sourds gémissements qu'on prendrait pour la plainte de l'Océan lointain ; dans toutes ces rumeurs inarticulées, il semble qu'on entende respirer la Nature. Le sein de la mère sacrée se soulève et s'abaisse comme une poitrine humaine aspirant, expirant la vie.

Oh ! qu'il fait bon rester là de longues heures, oubliant tous les ennuis factices de la civilisation, se laissant pénétrer par l'âme des choses, s'imprégnant de la vie universelle, baignant dans le grand Tout, comme un madrépore dans l'eau de la mer, écartant la pensée importune et se réduisant pour un jour à l'existence végétative, aux rêveries confuses du Sylvain ou du Faune, comme aux temps où se promenaient, dans

la jeune création, des êtres hybrides, déga-
gés seulement de la matière jusqu'à mi-
corps, dieux par la tête et le torse, animaux
par les pieds, ayant le sang et la sève,
enfants plus directs de la terre que nous ne
le sommes, et qu'elle a retirés, lorsque la
race des mortels a prévalu, avec l'aide du
Titan Prométhée.

Dans cette solitude, nous admettrions bien
Diane écartant le feuillage et se montrant
tout à coup, l'arc à la main, le carquois sur
l'épaule blanche et svelte comme le marbre
grec, gardant le jour quelque chose de sa
pâleur lunaire ; nous aimerions la voir
suivie de sa biche familière au museau noir
lustré. Mais qu'aucune chasse moderne,
avec ses fanfares glapissantes, ses aboiements de chiens, ses piqueurs en livrée, ses
habits rouges à l'anglaise, ses culottes de
peau de daim, ses bottes molles et ses chevaux de demi-sang, ne vienne troubler
brutalement ce délicieux silence et faire
fuir, avec des trépidations d'épouvante, cet

honnête et gentil chevreuil qui, accompagné de son faon, se repose dans ce fourré où il se croit bien à l'abri de toute attaque, et laisse, en mordillant quelques brindilles, passer les heures lourdes du jour.

Hélas! une trompe a retenti au loin. La paix de la forêt va être troublée. Des gouttelettes rouges ruisselleront sur l'herbe verte. La Nature a beau dire qu'elle n'est pas chez elle et ne reçoit pas ce jour-là : l'homme mal élevé et barbare force toutes les consignes.

CHAPITRE VII

EN TOILETTE D'ÉTÉ : ROBE D'AZUR, GERBES DORÉES.

Il fait déjà bien chaud. Le Printemps, trouvant les rayons du soleil un peu trop vifs, et craignant de se hâler le teint sous sa couronne de fleurs et de feuillage, se retire en s'éventant de son bouquet, pour faire place à l'Été, un beau garçon à l'air mâle et vigoureux, qui tient une faucille à la main et porte à son flanc une gourde, comme un moissonneur.

Les jours sont devenus longs ; entre le crépuscule et l'aurore, à peine si la nuit a le temps de déplier et de replier ses voiles constellés de paillettes étincelantes. Le rossignol, ami de l'ombre se hâte d'exécuter son dernier Nocturne et récite à la rose, dont il est

amoureux selon la légende orientale, des
ghazels plus beaux que ceux de Sadi et
d'Hafir. Eveillés après un court sommeil,
les oiseaux de toute espèce saluent gaiement l'aurore matinale, qui jette ses rose,
devant le char du soleil comme une
Heure du Guide au plafond du palais Ros-
pigliosi.

Rapidement la lumière étend ses ondes
dans le ciel dégagé de nuages. L'œil en suit
les vibrations, comme l'oreille suivait les
gammes ascendantes des violons dans le
lever du soleil musical de Félicien David.
Puis le soleil éclate avec fracas, car son
rayonnement est si vif qu'il semble sonore.
Bientôt la rosée, qui emperlait les fines lanières des herbes et les larges feuilles veloutées de la bardane, s'évapore et remonte
au ciel. Un azur, qui ferait paraître gris
et terreux le plus pur outremer, s'étale au
dedans de la coupole atmosphérique qui nous
enveloppe, donnant aux couleurs terrestres
une force et une intensité éblouissantes.

Tous les êtres frileux se réjouissent ; la rauque cigale choque, avec une incroyable ardeur, ses petites cymbales d'argent. Les grillons des champs font entendre sans repos leur cri-cri strident, et à cette musique enragée les vapeurs terrestres semblent danser au-dessus des sillons. Le grillon et la cigale sont des musiciens importuns dans l'orchestre de l'Été ; ils sont bien petits, mais ils font plus de bruit qu'ils ne sont gros, et on leur doit cette justice qu'ils sont infatigables et ne se font pas prier pour recommencer. Leur cantilène monotone, frappée à temps égaux, rythme la chaleur et empêche la somnolence des midis brûlants.

Le petit peuple frétillant des lézards est aussi au comble de la joie : on les voit courir allègrement sur les parois des vieux murs ou des rochers chauffés à blanc par le soleil. Quelle agilité, quelle prestesse, quels brusques revirements de direction, quels capricieux zigzags ! Ils apparaissent et disparaissent comme l'éclair. Le moindre bruit les fait rentrer entre les joints des pierres, dans les fissures de la roche, où leurs yeux brillent d'un éclat métallique. Mais, bientôt rassurés, ils ressortent de leur retraite et recommencent leurs évolutions.

On prétend que « le lézard est ami de l'homme. » Nous ne savons trop sur quoi se base cet axiome d'histoire naturelle populaire. Dès qu'il aperçoit son ami, le lézard, comme tous les autres animaux, se sauve le plus vite qu'il peut, se plonge dans le premier trou qu'il trouve, ou tout au moins met une distance raisonnable entre lui et l'objet de son affection ; prudence qu'on ne saurait blâmer. Il est vrai que le lézard, une fois attrapé, s'apprivoise aisément ; il se laisse prendre et toucher par son maître ou sa maîtresse, et paraît éprouver un certain plaisir à être caressé. Quel bonheur pour le collégien qui, au fond de sa baraque, entre le dictionnaire et le rudiment, dérobe aux yeux des maîtres d'étude et des pions une

de ces jolies bêtes capturées un jour de promenade ! Quelle occupation de lui chercher
des mouches et d'arracher pour sa litière,
quelques maigres brins d'herbe aux pavés
de la cour de récréation ! C'est une joie,
c'est un délire, dans ce morne séjour, bagne
universitaire d'où la Nature est soigneusement bannie, de posséder à soi, bien à soi,
un être vivant, un compagnon secret, un
petit complice, malgré la défense du pro-
fesseur. Que de distractions, que de visites
en tapinois à la baraque ! Le latin et le grec
en sont négligés. Il y a des contre sens dans
les versions, des barbarismes et des solé-
cismes dans les thèmes, des fautes de pro-
sodie dans les vers latins. Plus de croix,
plus de place au banc d'honneur. Les rete-
nues se succèdent, les pensums pleuvent, et
les jours de sortie se passent à griffonner
mille fois de suite:

Ante mare et terras et quod tegit omnia cœlum.

Mais qu'importe! Il serait donc plus juste de renverser l'axiome et de dire : « Le collégien est l'ami du lézard. »

On prétend le lézard sensible à la musique. Quand on siffle un air en passant près du mur ou du rocher où il prend ses ébats, il s'arrête, avance la tête d'un air curieux et ravi, frétille de la queue, agite convulsivement une de ses pattes de devant, et donne des signes de satisfaction évidente. Peu à peu, malgré sa défiance et sa sauvagerie, il se rapproche du chanteur. Il est charmé, fasciné comme un serpent par la flûte du psylle, et cette incantation lui fait oublier le soin de sa propre sûreté. Captif, il accourt et sort de sa retraite, où il se cachait si bien qu'on le croyait perdu, lorsque les premiers accords résonnent sur le clavier.

Ne faites pas de bruit et regardez sur ce bloc de pierre ce lézard qui guette une mouche. Il s'appuie sur ses mains doigtées, que terminent de petites griffes délicates; ses

pattes de devant se replient et font coude,
comme si elles avaient peine à supporter le
poids du corps, bien léger pourtant , celles
de derrière, moins courtes, armées d'ongles
plus longs, mais parfaitement inoffensifs,
n'ayant d'autre emploi que de retenir l'animal sur les pentes glissantes, et disposés à
peu près comme les ongles des pattes de grenouilles. Une nuance de vert, se fondant
avec le gris jaune des flancs et du ventre,
colore le dos du petit saurien, miniature de
crocodile à l'usage de nos climats.

La tête est couverte d'écailles qui s'ajus-
tent comme les pièces d'une armure. Une
cotte de maille d'un fin réseau et d'une sou-
plesse à défier tous les armuriers du moyen
âge, enveloppe le corps et les pattes, puis
s'élargit en plaques imbriquées dont le nombre et la dimension diminuent jusqu'au bout
de la queue. Tout cela est élégant, mignon,
ciselé avec une finesse merveilleuse. On
dirait un bronze à cire perdue où ne s'est
oblitéré aucun détail, et l'envie vous prend

de le saisir dans cette pose pour en faire un serre-papier.

La mouche imprudente, — une andrine si nous ne nous trompons, — voltige parmi les mousses et les plantes qui revêtent le rocher ; elle se pose çà et là, bourdonnant, lissant ses ailes avec ses pattes de derrière, plongeant sa trompe dans le nectare d'une fleurette pour en tirer un peu de miel ; elle jouit du beau temps, du chaud soleil qui jette des iris sur les fines gazes dont elle frappe l'air, sans soupçonner qu'un ennemi est là, un monstre aussi gigantesque par rapport à sa taille qu'un caïman le serait pour un homme, attentif comme un chasseur à l'affût, suivant d'un œil avide tous ses mouvements, et dont la langue fourchue semble lécher les lèvres plates, prêtes à la happer et à l'engloutir ; car la bête la plus innocente, qui n'est pas herbivore, ne soutient son existence que par des meurtres continuels. La Nature n'est qu'un *circulus* de carnage. Insouciante de l'individu, elle ne s'occupe que de l'espèce. Que lui importe que cette mouche soit dévorée ? La terre contient des millions de larves, d'andrines, et la pullulation des races doit être refrénée.

Mais voici que le lézard s'avance ; rapide comme une flèche, la mouche a disparu dans ce gosier. Le drame est fini. Heureusement, les lézards sont sobres, — on n'en vit jamais d'obèses, — et ce repas calme pour longtemps son appétit. Bien repu, il regagne son logement, situé dans une fissure de rocher, et fait sa sieste de digestion.

Quelle heureuse vie que celle du lézard ! Cependant quelquefois, faute de mets plus succulent, les échassiers le piquent de leurs longs becs, et il laisse aux mains d'un petit paysan ou d'un écolier sa queue fragile comme du verre ; mais elle repousse, et au bout de quelques semaines l'accident est réparé.

Tous les animaux n'aiment pas autant la chaleur que le lézard, et dans ce pré qui longe la lisière du bois, cherchant l'étroite

ligne d'ombre projetée par les arbres, vers
le milieu du jour, les bœufs et les vaches
se rassemblent, faisant sur le vert de
l'herbe de belles taches fauves, noires ou
blanches. Agenouillés et couchés dans des
poses majestueuses, ils ruminent gravement,
et promènent le regard vague de leurs
grands yeux tranquilles, auxquels Homère
compare les yeux de Junon. Leur immo-
bilité ne se dérange que pour chasser une
mouche taquine; alors leur flanc noir frémit et se plisse, et ils secouent avec un
mouvement d'impatience leurs têtes pla-
cides, dont les cornes forment le croissant,
comme la coiffure d'Isis.

Autour des bœufs sautillent et voltigent
les bergeronnettes amies des troupeaux,
comme si elles voulaient les surveiller, tandis que le vacher, adossé à un arbre, s'est
endormi près de son chien, qui, de temps à
autre, lorsqu'une clochette remuée jette sa
note dans le silence, soulève son museau
allongé sur ses pattes.

L'azur si frais et si léger du matin a blanchi et pris des tons de métal en fusion ; l'extrême chaleur le décolore comme un émail brûlé. Les tons s'évanouissent dans la lumière intense, et une chaude brume s'élève à l'horizon.

Au loin, sur la plaine, les pièces de blé font des orfrois ; comme le brocart des dalmatiques frisé par le soleil, le vague souffle de la brise y dessine des moires. La blonde Cérès, en traversant cette riche campagne, serait satisfaite, et trouverait que les élèves de son cher Triptolème n'ont pas dégénéré. Encore quelques jours, et l'épi mûr, lourd de grain, fera pencher la tige ; et dès l'aube les moissonneurs et les moissonneuses, armés de faucilles, se mettront à l'œuvre ; et les gerbes se rangeront en lignes sur les sillons, comme des guerriers tombés dans leur armure d'or. Si quelques grains ont quitté l'épi et roulé à terre, les oiseaux du ciel en profiteront. Ne leur enviez pas, laboureurs avares, ces miettes de votre feslin ; ils ont bien mérité cette récompense, pour la guerre qu'ils ont faite aux mille espèces d'insectes, d'une fécondité prodigieuse, qui auraient dévoré la moisson en herbe. Il ne faut donc pas traiter en parasites les hôtes sans qui la table ne serait pas servie.

Regardez avec respect le blé sacré dont est fait le pain quotidien, l'âme même et la substance de l'homme, et qui, sur l'autel, a supprimé l'antique sacrifice. C'est une création humaine, car le blé n'existe nulle part à l'état sauvage, et la Nature ne peut offrir pour type qu'une incertaine graminée.

Mais retournons au bois. La Nature, cultivée par l'homme, n'est pas tout à fait chez elle ; on la gêne, on la contrarie, on lui impose des méthodes. Elle est bien plus aimable et plus charmante lorsqu'elle reste libre en ses caprices.

Notre opinion est celle des perdrix qui, troublées par le va-et-vient des moissonneurs, se sont réfugiées dans un site plus solitaire, sur une pente exposée au soleil, pierreuse, hérissée de broussailles, d'achillées, de mille-feuilles et autres fleurs sauvages. Des taillis escaladent la pente et y jettent des lisières d'ombre. En haut, le ciel luit, ardent et pur.

La perdrix a l'instinct de se rassembler en compagnie, à ce point que les mâles qui n'ont pas trouvé de femelles se réunissent en société, et vivent entre eux comme les célibataires membres d'un club.

Toute la bande est donc là : le père, la mère, les enfants, les cousins, qui ne s'éloignent guère du canton où ils ont pris naissance ; adultes et jeunes cherchent des chrysalides de fourmis dont ils sont très friands, et à leur défaut se contentent de graines ; car ils sont à la fois insectivores et granivores ; ils s'agitent joyeusement, secouent leurs plumes, se rengorgent, battent des ailes ; car la chasse n'est pas ouverte et ne le sera au plus tôt que dans deux mois. C'est un moment de trève intéressée que la destruction accorde à la fécondité de la Nature pour réparer ses pertes. Les chasseurs laissent naître, croître et s'engraisser leurs victimes. Touchante prévoyance !

Pour les perdrix n'a pas encore commencé cette vie inquiète, agitée, toujours sur le qui-vive, pleine d'alertes et de transes, où il faut se défendre, par d'innocents stratagèmes trop souvent déjoués, contre un ennemi supérieur en intelligence, en force, et armé d'un fusil qui atteint toutes les fuites et rend l'aile inutile. S'il n'y avait que l'homme, on pourrait encore le braver et lui échapper parfois. Il a des sens imparfaits, émoussés par la civilisation. Son œil est souvent myope, son ouïe manque de finesse, son odorat n'a pas la subtilité qu'il faut pour distinguer et suivre les *fumets*. Mais, parmi la gent animale, il s'est trouvé un traître, le chien, qui a passé à l'homme et mis au service de l'ennemi commun ses précieuses facultés. Il s'est fait le serviteur, le sbire et l'espion du tyran. Il prend parti

11

pour lui contre ses frères. Il le met sur la
piste des victimes, qu'il arrête comme un
sergent de ville, pour que le maître ait le
temps d'arriver. Avec des signes de joie,
frétillant de la queue, il assiste et participe
au massacre, sans avoir même l'excuse de
la faim ; car ce gibier, il ne le mange pas.
Le patron lui donne, soir et matin, sa spor-
tule de soupe, comme à un client romain
ou un mendiant de monastère ; plus, quelques coups de fouet en manière de gratifi-
cation. Mais en ce moment, chasseurs et
chiens se reposent, en attendant que la loi
sonne la cloche de la grande Saint-Barthé-
lemy.

Il y a parmi les perdrix deux castes, dont
l'une a de grandes prétentions aristocratiques
la perdrix rouge et la perdrix grise. La perdrix
noble porte des bottes de maroquin rouge
comme un magnat hongrois en grand costume
dans un bal d'ambassade ou de cour. La perdrix roturière n'a que des bottines grises ; ses
manières sont aussi beaucoup plus simples.

La perdrix rouge montre, par le dédain et la fierté de ses allures, qu'elle a la conscience de sa supériorité. Elle gravit, d'un pas orgueilleux, les pentes escarpées jusqu'à leur sommet, s'élevant avec le soleil qu'elle semble vouloir accompagner. Elle y reste tant que l'astre est au zénith ; puis, lorsqu'il incline à l'horizon, elle redescend peu à peu vers l'ombre de la plaine. Aussi est-ce un dicton populaire parmi les braconniers que « la perdrix rouge suit le soleil ».

Maintenant, quelle est la meilleure à manger, de la rouge ou de la grise ? C'est un problème que nous laissons aux gourmets. Il faudrait Grimod de la Reynière, Brillat-Savarin ou de Cussy pour le résoudre. On dit que si la perdrix grise est plus succulente au commencement de l'automne, la perdrix rouge lui est supérieure dans l'arrière-saison.

Mais laissons là ces idées de meurtre et de cuisine ; oublions que l'homme est le

Gargantua de la création, la bouche insatiable où tout aboutit, et jetons un regard mélancolique sur ce nid abandonné, suspendu à des branches de ronces.

C'est un nid de fauvette ; on le reconnaît à l'entrelacement d'herbes sèches qui en forme la corbeille, garnie de crin à l'intérieur. Quatre ou cinq œufs d'un blanc bleuâtre, ou plutôt d'un bleu clair, y reposent ; mais, pour éclore, il leur manque la douce chaleur maternelle, la patiente et créatrice incubation. Le germe de vie, déposé par l'amour, s'est éteint sous la frêle coquille que ne brisera pas, pour s'élancer vers la lumière, le bec de l'oisillon avorté. La pauvre fauvette a été tuée sur son nid par un rapace, ou bien un oiseleur l'a prise, et, triste dans sa cage, elle pense à la chère couvée perdue.

CHAPITRE VIII

ELLE ENTRE AU BAIN.

La Nature n'a pas le même mépris que
le jardinier et le cultivateur pour ce qu'on
appelle les mauvaises herbes. Elle les pro-
page avec le même soin que les plantes qui
font l'ornement des serres et des plates-
bandes ; ces sauvages et ces indépendantes
lui plaisent, qui fuient l'homme et que
n'ont pas déformées les savantes pratiques
des horticulteurs. Elles sont sveltes, menues, d'une grâce élégante et légère. Leurs
petites fleurs mignonnes n'ont pas été dou-
blées ; elles échappent à cette lourdeur
obèse des fleurs trop bien nourries, cha-
pons du règne végétal, qui ne peuvent se
reproduire et gardent cette jolie maigreur
de la jeunesse dont le charme est sans

11.

pareil. Quel poète no préférerait l'églantine de haie, avec ses cinq pétales d'un incarnat pâle, aux grosses roses à cent feuilles, qui ressemblent à des choux colorés de carmin? Qu'elle est délicate et fraîche, cette mignonne rose des champs que le moindre vent fait trembler sur sa tige flexible! La rosée y scintille en perles, l'abeille s'y roule et s'y charge de pollen, et c'est elle que la reine Mab choisirait pour faire avec ses feuilles les rideaux de son lit de noces.

Quoi de plus charmant que la folle-avoine qu'Ophélie mélangeait aux fleurs dans sa couronne de folle? Ses longues tiges fines, ses graines à capsules cornues forment de gracieuses aigrettes au-dessus des graminées de taille plus humble. Quoique qualifiée de mauvaise herbe, elle a sa beauté et fait fort bonne figure au bord des chemins, au pied des arbres, sur le revers des fossés, le long des murailles, en compagnie de l'ortie blanche, de la fausse ciguë, de l'ivraie, de la foirolle et autres plantes

mal famées, qui prospèrent dans l'abandon et qu'on arrache, quand on s'en occupe, pour les mettre en tas et les faire
brûler. L'art pourrait entrelacer dans ses
arabesques ces tiges grêles aux feuilles
étroites, aux fleurs presque imperceptibles,
de couleurs si tendres et de formes si délicates.

Nous avions jadis rêvé un jardin où l'on
aurait mis la bride sur le col à la végétation. Jamais la serpe n'y aurait émondé une
branche, jamais les ciseaux n'y auraient
taillé une haie ou une bordure. Toute liberté aux rameaux de s'enlacer à leur
guise, aux plantes de ramper, de grimper,
aux mousses de couvrir de leurs plaques le
tronc des arbres, aux lichens de blanchir de
leurs bandes grises le menton des statues,
aux ronces de barrer les allées et de vous
arrêter avec leurs griffes, au coquelicot
sauvage de piquer son étincelle rouge près
de la rose à l'abandon, au lierre d'allonger
sa guirlande vagabonde et de retomber

par-dessus la rampe des terrasses ; toute
licence à l'ortie, au chardon, à la chéli-
doine, au gratteron, qui s'attache à vous
comme un fâcheux, à la bardane, à la mo-
relle, au chiendent, à toute la horde bohé-
mienne des plantes indisciplinées, de pousser, de multiplier, d'envahir, d'effacer toute
trace de culture, et de faire du parterre
une forêt vierge en miniature.

Ce paradis abandonné, nous l'aurions voulu
entouré de murs verdis de mousse et dra-
pés de plantes pariétaires, couronné de
violiers, d'iris, de giroflées et de joubarbes,
en manière de tessons de bouteilles, pour
ôter aux gamins l'envie de les franchir ; et
au-dessus de la porte délavée par la pluie,
dépouillée de peinture, et n'ayant gardé aucune trace de ce vert chéri de Jean-
Jacques Rousseau, nous aurions tracé cette
inscription en lettres noires, de forme lapi-
daire et d'aspect menaçant : « Défense aux
jardiniers d'entrer ici. »

Ce caprice, difficile à réaliser pour un

homme encastré dans la civilisation, où la
moindre originalité se taxe de folie, la Nature, qui se moque du jugement des sots,
se le passe à tout moment. Elle a comme
cela mille recoins adorables où l'homme
pénètre rarement, ou même ne pénètre pas
du tout. Là, sans contrainte, elle se livre à
de charmantes débauches d'herbes folles, de
fleurs farouches et de végétations désor-
données. Tout cela germe, pousse, fleurit,
s'épanouit, jette ses graines au vent, qui se
charge de les porter où il faut, avec une
joie et une impatience de vivre vertigineuse. La moindre place au soleil est aussitôt prise. Les recoins à l'ombre ne sont pas
non plus dédaignés. Il est des plantes qui
craignent de se hâler le teint, et auxquelles
plaît la fraîcheur humide. Et c'est un fouillis inextricable de minces tiges, de feuilles
étroites, de petites fleurs où l'insecte peut
seul se frayer une voie.

Si vous n'avez pas peur que les ongles
des broussailles vous égratignent, et que la

rosée ou la pluie récente que le soleil, à
peine débarrassé des nuages, n'a pu faire
évaporer encore, ne mouille et ne gâte vos
brodequins vernis, venez visiter avec nous
un de ces réduits mystérieux où la Nature,
certaine de ne pas être surprise, dépose ses
voiles, comme une Diane au bain découvre
à la solitude les charmes qu'elle cache au
monde. Quand bien même elle s'apercevrait
de votre présence, elle n'est pas cruelle et
prude comme la virginale chasseresse, et
vous ne courrez nul risque d'être changé
en cerf comme Actéon et mangé par vos
chiens, qui ne vous reconnaîtraient pas, orné
de cette ramure et couvert de ce pelage
fauve. Venez donc sans crainte, en prenant
seulement garde de glisser sur les roches
tapissées de mousses visqueuses.

Le ravin s'enfonce en pentes rapides. Des
végétations ébouriffées, des arbustes, des
broussailles et des arbres se penchent sur
ses bords, où ils se retiennent par leurs
racines pittoresquement contournées. De la

terre déchirée saillent, à travers des tons
d'ocre, des roches grisâtres de formes bizarres.

Dans le fond murmure, se plissant aux
pierres et aux cailloux, le ruisseau qui peu
à peu a creusé le ravin et pratiqué à la surface du sol cet étroit vallon rempli d'ombre
et de fraîcheur. Des quartiers de roche, qui
ont roulé du haut de la berge, parfois obs-
truent le courant et l'obligent à de petites
cascades, à des mutineries d'écume qui
s'apaisent un peu plus loin quand la place
est plus large. Alors l'eau tranquillisée
s'étale comme une mince plaque de verre
sur le fin gravier, dont elle laisse voir tous
les détails, ne manifestant sa présence que
par un mince filet argenté brillant au contact de la rive.

Aux endroits plus creux, verdissent des
forêts de cresson submergées et luisent des
blancheurs de sable, qui font penser au
corps nacré d'une ondine nageant entre deux
eaux.

Mille accidents dont un peintre ferait son profit varient le cours de cette source ignorée, qui n'a pas même de nom ; ici, un tronc d'arbre tombé lui fait un pont, là, une branche courbée égratignant l'eau semble pêcher à la ligne ; plus loin, une touffe de glaïeuls hérisse ses feuilles aiguës ; des vergiss-meinnicht regardent de leurs yeux de turquoise couler le flot limpide. Une pierre penchée de la rive sur le courant prend la silhouette d'un animal qui boit ; une racine s'y glisse comme une couleuvre, des herbes y laissent pendre comme des naïades leurs humides chevelures, et sautant de branche en branche, un rayon de soleil perdu y brise sa flèche d'or.

Suivant tantôt une rive, tantôt l'autre, selon le caprice du courant enjambé au moyen de blocs de pierre disséminés çà et là, vous arrivez enfin à l'endroit où se termine le ravin par une sorte de petit cirque.

La paroi s'élève presque verticale sous un

manteau de ronces, de pariétaires, de saxifrages, de fontinales, de lampourdes, de
lierres emmêlant leurs longs rameaux flexi-
bles, et faisant contraster la variété de
leurs verdures frappées par la lumière.

Venue de plus haut et de plus loin, la
source tombe du sommet de cette muraille,
si richement brodée de végétations, en filets
de cristal qui se brisent sur les anfractuo-
sités de la roche, sur les réseaux des branches, les feuilles des ronces et des plantes,
qu'elle inonde d'une pluie de diamants ; puis
elle rejaillit par une seconde chute, tendant
au seuil d'une grotte sombre ouverte au bas
du rocher, comme les cordes d'argent d'une
harpe, ses longues lanières transparentes.

Dans le bassin, bordé de joncs et de prêles,
l'eau clapote sous les gouttes qui tombent,
lançant des éclaboussures du blanc le
plus vif, et arrondit des cercles qui vont
s'élargissant avec un tremblotement lumineux.

Rien de plus frais et de plus sauvage que

12

ce petit gouffre de verdure où se précipite une source. Les feuilles lavées y brillent comme si elles étaient vernies. Des goutte-lettes les diamantent, et les changent en écrins où la lumière met ses iris. Tout y est vert, vivace, luxuriant, touffu. On sent que c'est une des retraites aimées de la Nature, et qu'elle l'a parée avec un so. tout parti-culier.

Mais cette grotte, creusée mystérieuse-ment au pied de ce rocher, entre ces drape-ries de feuillage finement découpées, qui l'encadrent comme des rideaux de dentelle, qui l'habite ? L'antiquité y eût logé une nymphe, le moyen âge une ondine ou une nixe. Mais ce sont là des êtres fantastiques, enfants de l'imagination humaine ; et la Nature, malgré ses féeries perpétuelles, est réaliste et ne donne pas dans ces chimères.

L'hôte qu'abrite ce rustique palais était absent. Le voici qui rentre : fluet, souple, furtif, allongé sur le ventre, la tête basse, il traverse la berge séparant la grotte du bassin où trempe encore à demi sa queue. Sa fourrure est brune, moirée et douce à l'œil comme du velours. Plus heureux que les Parisiens, dupés par le narquois paysan de Balzac, vous avez vu une loutre, — car c'en est une — et sans avoir donné vingt francs, pour cela, au père Fourchon et à Mouche, son acolyte.

La loutre est la châtelaine de ce burg aquatique. Elle a droit de pêcher sur ce vivier et sur la rivière qui en découle. Tout ce vallon, si bien caché et qu'on ne devinerait pas, — aucun chemin n'y conduit, — est son domaine. Pour attendre sa proie, elle n'a besoin ni de nasses, ni de filets, ni d'hameçons, ni d'amorces, ni d'aucun de ces engins qu'on vend sur le quai de l'École. Elle plonge mieux que les pêcheurs de perles de la côte de Coromandel, et quoique forcée de temps en temps de revenir à la surface, où sa présence se trahit par des bulles d'air, elle a l'haleine longue. Se coulant sous l'eau avec précaution, sans en faire jaillir une

goutte, elle va trouver le poisson chez lui.
La truite est toute surprise de se trouver
nez à nez avec ce chasseur au fond de la
rivière ; les perches essaient vainement de
fuir en hérissant les dards de leurs nageoi-
res ; la loutre les happe subtilement, leur
enfonce dans les flancs ses dents aiguës,
pareilles à des arêtes, remonte au-dessus de
l'eau, les tient un moment en l'air pour les
étouffer et les jette sur la rive.

C'est un animal délicat que la loutre et un
fin connaisseur en poisson ; tous ne lui conviennent pas : elle en abandonne beaucoup
après un premier coup de dent, leur trouvant sans doute un défaut dont les gourmets les plus experts ne s'apercevraient pas,
et ce goût dédaigneux fait parfois découvrir
sa retraite entourée de débris.

Quelle gracieuse et charmante bête, on-
duleuse comme l'eau, souple comme le chat,
avec sa tête aux courtes oreilles, aux yeux
intelligents et clairs, et sa robe de ve-
ours tanné, si soyeuse et si douce, dont les

épiciers, ces barbares ! se faisaient des cas-
quettes, au lieu de la laisser sur le dos de
l'animal à qui elle seyait si bien ! On estime
à quatre mille la destruction annuelle des
loutres en France. Massacre déplorable et
stupide, car il serait bien facile à l'homme
de se faire un auxiliaire de ce prétendu ennemi, dont la tête est mise à prix comme
celle d'un malfaiteur.

Toussenel, le grand connaisseur en fait
d'animaux, le poète lyrique de la zoologie
passionnelle, parle de la loutre avec enthousiasme, en déplorant la proscription imbécile dont elle est l'objet :

« Encore si la loutre avait refusé une
seule fois de prêter son concours à l'homme
quand on l'en a requise ; mais c'est qu'au
contraire elle est heureuse de mettre toutes
ses brillantes facultés pour la pêche au service de l'homme. Prenez une jeune loutre,
une loutre à la mamelle, soyez aimable et
caressant pour elle comme vous l'êtes pour
vos chiens, et au bout de deux ou trois

mois elle vous chérira de la même affection qu'un épagneul ; elle vous accompagnera partout, elle gémira de votre absence, elle saluera votre retour de trépignements d'allégresse ; et quand vous l'aurez tenue quelque temps au régime exclusif de la viande de boucherie, quand vous lui aurez fait comprendre la supériorité de cet aliment sur le poisson, elle n'en voudra plus d'autre. Vous la prierez d'aller vous chercher dans le vivier où la rivière voisine un poisson respectable ; elle s'y précipitera, tête baissée, et au bout de quelques minutes elle vous rapportera la pièce demandée. Vous aurez soin seulement de tenir en réserve, pour chacune de ces occasions et pour stimuler son ardeur, une légère tranche de gigot dont vous lui ferez cadeau au moment où elle déposera son butin à vos pieds. Ce n'est pas plus difficile. J'ai vu autrefois, à Verdun-sur-Oise, une loutre ainsi dressée, qui faisait le bonheur de son maître et l'admiration des amateurs. »

Tout le monde connaît l'auteur de l'*Esprit des bêtes* ; son livre charmant, qui pourrait avoir pour sous-titre : la *Bêtise des hommes,* raconte l'intéressante histoire de la loutre du roi de Pologne, Casimir, dont l'adresse merveilleuse excita longtemps l'envie de tous les barbets de la cour, et « qu'un soldat de malheur assassina un jour pour en faire un manchon à sa payse. »

Les Chinois, qui ne sont pas si magots qu'ils en ont l'air, ont su se rallier ce gentil animal. Leur vénerie aquatique est complète. Ils ont le faucon d'eau dans le cormoran et le chien de pêche dans la loutre. Sur le fleuve Jaune, une loutre bien dressée se vend jusqu'à mille francs, et ce n'est pas trop cher pour les services qu'elle rend à son maître.

En attendant que l'homme se ravise, ce qui n'est guère probable, vu qu'il s'éloigne chaque jour de la Nature, dont le sens paraît s'oblitérer chez lui, ne te hasarde pas, gentille loutre, hors de ce ravin solitaire.

Vis là dans une retraite absolue ; tapis-toi bien dans ta grotte profonde, que semble défendre une herse de cristal ; au moindre bruit, plonge sous l'eau et ne reparais que bien loin, lorsque la respiration te manquera, à l'abri de ces racines d'arbres sous lesquelles la berge se creuse ; fuis le bourreau de la création, vers qui ta sympathie t'entraînerait ; il ne serait pas sensible à tes avances, et te tirerait un coup de fusil pour avoir ta peau, ou seulement pour te prouver son adresse.

Nous ne reviendrons plus dans ce ravin pittoresque, si propice à la rêverie, de peur d'en apprendre l'existence aux chasseurs méchants, aux enfants cruels et aux braconniers qui te dresseraient des pièges. Sois tranquille ; nous ne te trahirons pas et nous garderons fidèlement ton secret. Nous n'avons aucune envie de toucher la prime.

C'est à regret que nous quittons cet asile de paix et de fraîcheur, où l'on se sent si loin des soucis et de l'agitation de la ville,

Le moindre objet suffit à l'observateur, et l'on pourrait s'occuper toute une longue journée à regarder sur le bord du chemin cette plante sur laquelle se promène gravement un colimaçon et qu'entoure un monde bourdonnant d'insectes. Il peut dire, celui-là, comme Bias : « Je porte tout avec moi. » Sa maison de nacre, formant une gracieuse spirale qui rappelle la coiffure de Jupiter Ammon, adhère à son dos ; il lui est loisible d'en sortir à moitié ou d'y rentrer tout à fait, et il faut qu'il aille en visite avec sa demeure sur les épaules. Du reste, sa coquille ne paraît pas le gêner, et il s'avance le long de la branche, pressentant le chemin de ses tentacules, qui s'allongent et se raccourcissent comme des télescopes. Laissant derrière lui la traînée d'argent de sa bave, il rampe insoucieux du bupreste et de la cicindèle.

CHAPITRE IX

LA TABLE EST SERVIE

L'Été, le couvert est toujours mis, et la
Nature traite son monde avec magnificence,
pour le dédommager des privations de l'Hiver, où son buffet est peu garni. Elle convie
au festin les grands et les petits, les superbes et les humbles, ceux qui rampent et
ceux qui volent. Chacun a son plat favori,
comme un hôte habituel de la maison dont
on connaît le goût. Ceux qui viennent tard ne
sont pas moins bien reçus que les premiers
arrivés ; on se serre un peu pour leur faire
place à la table, et la maxime « *Tardé
venientibus ossa* » n'est pas pratiquée dans
cette demeure hospitalière et seigneuriale.

Si parfois, pendant la froide saison, la
Nature a pu sembler une marâtre à ses en-

fants, les beaux jours revenus, on voit bien qu'elle était forcée, bien malgré elle, à l'épargne par la dureté des temps, et fâchée au fond de son cœur de mettre ses chers petits à la portion congrue. La bonne et tendre mère universelle reparaît dans toute sa généreuse effusion, pressant sur sa poitrine tous ceux qui ont faim, avec le mouvement sublime de la Charité, d'André del Sarte.

Voyez ce buisson de ronces. C'est un banquet de cent couverts, et la joie est grande parmi les convives, car ils savent qu'ils n'ont pas de note à payer; le quart d'heure de Rabelais n'existe pas pour eux. Ils sont venus de tous les coins du ciel, gais, pimpants, avec des cris d'allégresse, avec grand appétit. Sous les feuilles s'arrondissent, comme des grenats-cabochons, les baies des mûriers sauvages, et brillent les fruits rouges de l'épine-vinette, encore un peu acide; mais comme les mûres sont déjà juteuses et sucrées, pleines d'une pourpre qui noircit les lèvres des jeunes filles gour-

mandes! — La fauvette, qui aime les dou-
ceurs, s'en donne à bec que veux-tu,
comme un enfant laissé libre dans une con-
fiserie. Bien d'autres petits gourmets emplumés imitent la fauvette. Ils vont, viennent, sautillent, se trémoussent, palpitent
des ailes, essaient telle baie, puis telle autre.
Celle-ci est trop mûre, elle a un coup de feu
de soleil; celle-là ne l'est pas assez : « Ils
sont trop verts et bon pour des goujats, »
comme les raisins du Renard, disent les oiseaux, qui connaissent leur La Fontaine. Ils
entament beaucoup de mûres, les insou-
ciants prodigues ! Ils chipotent, ils gâchent
ils mettent le dessert au pillage, éparpillant
les mets à droite et à gauche, et faisant un
dégât énorme, sans penser au déjeûner du
lendemain; et quand ils se sont bien repus,
ils se grisent d'un petit verre de rosée pris
dans le calice d'une clochette. Le Magnifique
de Venise, buvant du vin de la Comman-
derie dans sa frêle coupe de Murano, n'était
pas mieux servi que l'oiseau ayant pris son

verre au dressoir de la Nature; et, à coup
sûr, il dînait moins joyeusement, quoique
sa salle à manger, au plafond doré, eût pour
dessus de porte des Titien, des Bonifazzio,
des Tintoret et des Pâris Bordone. Mais
l'oiseau ne craint pas d'être cité au conseil
des Dix.

Les oiseaux ne sont pas les seuls invi-
tés; les papillons sont aussi de la fête: il y a
du miel pour eux dans le nectare des liserons
et des fleurs grimpantes qui s'attachent aux
haies. Pour la solennité, ils ont revêtu leurs
plus beaux habits, faits en étoffes près des-
quelles le brocart, le velours, le satin, la
moire, ne sont que des tissus grossiers, et
plus rudes que la toile d'emballage. La pourpre, l'or, l'azur, le jaune soufre, les couleurs
les plus tendres et les plus éclatantes diaprent
leurs ailes veloutées. Leurs yeux brillent
plus que les pierres précieuses, et le moindre détail de leur toilette est une merveille
de luxe et de goût. Nul coloriste n'a pu
inventer une si riche palette. La palette

13

transparente de l'artiste verrier n'en approche même pas. On dirait des fleurs qui volent.

Ils se cherchent et s'évitent avec une vivacité folâtre, faisant décrire des zigzags à leur vol inégal. La galanterie les occupe plus que la gourmandise. Les papillons ne sont pas grands mangeurs; parvenus à leur dernière et radieuse métamorphose, ils ne vivent plus que pour l'amour. Ils ont laissé, avec la peau de la chenille, les instincts grossiers et voraces. Une perle de rosée, une larme de miel leur suffit; leur vie rapide s'enivre et se soutient de parfums, de soleil et d'air pur. Ils ont la légèreté de l'âme, dont ils sont le symbole.

Dans toute société, si choisie qu'elle soit, il se glisse toujours des êtres désagréables et subalternes : des parents pauvres, d'anciens amis de collège qui ont mal tourné et affectent avec vous une familiarité choquante; des gens mal mis ou d'un physique repoussant, à qui l'on n'ose dire de s'en aller; et qui font faire une légère moue à la maîtresse de la maison. Il en est de même ici. Certes, ce colimaçon, qui s'en va bavant comme un enfant malpropre sur la nappe où le dîner est servi, n'a pas reçu de lettre d'invitation et aurait bien fait de rester dans sa coquille. Il n'a pas l'usage du monde, évidemment, car il y a dans la haie des oiseaux dont les oiselles sont connues pour fort coquettes, et il fait des cornes à ces pauvres maris, ce qui est d'un goût détestable, bon seulement pour Molière et l'illustre Gaudissart. On a beau lui faire signe, il ne tient compte de rien et continue sa plaisanterie d'ancien répertoire. C'est à lui casser, à coups de bec, sa coque sur le dos. Il souille tout ce qu'il touche, et personne ne voudrait d'une mûre qu'en passant il aurait argentée de sa glu. Mais la Nature, qui n'a pas de ces dégoûts de petite maîtresse, lui fait bon accueil et le laisse se repaître de feuilles à son appétit.

L'araignée est venue aussi, un pauvre

être répulsif qu inspire une horreur géné-
rale, qu'on écrase sous le pied quand on la
rencontre, et que gobent les astronomes et
les rossignols, les uns par friandise pure,
comme une pastille à la menthe, les autres
par régime de ténors pour se purger et se
tenir la voix claire. Elle n'est pas belle, il
faut l'avouer, avec ses huit yeux, ses huit
pattes, son corsage maigre et son ventre
énorme comme celui d'un hydropique, et
qui n'a nullement la gaieté d'un ventre de
Silène. La laideur de la forme n'est pas pal-
liée par la beauté de la couleur, d'un gris
terne et sale comme la poussière qui se
tamise dans les chambres inhabitées. Ses
mouvements même, d'une brusquerie fié-
vreuse, où se trahissent l'avidité et la peur,
causent un effroi instinctif. Elle vit triste,
solitaire, inquiète, incertaine du dîner et du
souper; car elle ne peut courir après une
proie qui a des ailes, et il faut qu'elle la
guette à l'affût dans son piège savamment
ourdi et tiré de sa propre substance.

Attendre, toujours attendre dans une immo-
bilité impatiente, à jeun depuis longtemps
peut-être, tel est le destin de l'araignée.

Ne regardez pas l'ouvrière, examinez l'œuvre : cette toile suspendue aux branches du
buisson par des câbles plus fins qu'un che-
veu, et cependant composés de mille fils
tordus ensemble, n'est-elle pas une merveille de science, d'industrie et d'art ? Quelle
régularité géométrique dans cette trame qui
court à travers la chaîne, dont les fils épa-
nouis en étoile partent d'un centre commun !
Quelle habileté prodigieuse il a fallu pour
tisser et nouer ces filaments, si ténus que
l'œil les aperçoit à peine ! Nulle dentelle,
nul filet, nul ouvrage de mailles n'égale en
délicatesse cette toile, qu'emporte dédaigneusement le balai ou l'aile de l'oiseau,
selon qu'elle est attachée à l'angle d'une
chambre ou à la fourche d'une branche. On
admire, au front des cathédrales, les roses
gothiques dans leurs réseaux de nervures ;
mais que cela est grossier à côté de la ro-

sace aérienne de ce misérable insecte, objot
de tant d'aversions injustes !

L'araignée est donc là au centre de sa
toile, qu'émeut le moindre souffle, tremblant
qu'un de ces jolis messieurs emplumés, qu'
festinent près d'elle, n'ait la fantaisie de
l'ajouter à son repas comme entremets, ou
tout au moins ne s'amuse, par pure fantaisie, comme un gamin en gaieté, à rompre
ce filet tendu qu'il lui faudra raccommoder,
reprendre maille par maille ou refaire en
entier, avec un nouveau fil péniblement
extrait de ses mamelles épuisées ; car point
de toile, point de mouches, et point de
mouches, point de toile ; c'est-à-dire la certitude de crever mélancoliquement de faim.
C'est un cercle fatal qu'elle ne saurait franchir.

Un bourdon passe, rayé de fauve et de
noir comme Saltabadil dans le *Roi s'amuse*.

C'est un vigoureux compère ; il a un large
estomac bien cuirassé, un ventre rebondi,
du poil sur les tarses comme un Milon

de Crotone. Dans l'armée des insectes, il a
rang d'hoplite, ce qui équivaut à cuirassier
ou à carabinier dans l'armée humaine. Il
vole pesamment, mais sûrement, avec un
ronflement majestueux.

C'est un bien gros morceau pour l'araignée, qui cependant s'est mise en position
de combat. Mais le bourdon heurte la toile,
dont il fait tomber quelques gouttelettes de
rosée. Un peu plus il l'emportait avec l'araignée, prise dans son propre filet. Il faut des
câbles plus forts pour retenir ce Samson ailé
dont nulle Dalilah n'a coupé les cheveux.

Bientôt arrive un cousin fier de ses deux
plumets, sonnant de son clairon, tout joyeux
du soleil et volant à l'étourdie. Il se jette
dans le piège comme un sot. L'araignée
accourt et tâche de l'enferrer entre ses huit
pattes et de le garrotter avec un fil qu'elle
dévide autour de lui. Mais c'est un cousin
de grande taille. Il fait vibrer ses ailes aux
nervures vigoureuses, brise la trame dont
on veut l'enlacer, et dégaînant son épée den-

telée en scie il en frappe au flanc son adver-
saire, forcé de lâcher prise. Dans ce combat du cousin et de l'araignée, autant d'habileté, d'adresse et de courage que dans
la lutte applaudie des deux plus célèbres
gladiateurs d'un cirque en présence d'un
César.

Blessé, traînant la jambe, l'araignée se
retire au fond de son fort pour respirer un
peu. Tout à coup, ô bonheur ! la toile a
vibré sous un choc; les fils télégraphiques
convergeant au centre ont averti la pauvre
bête affamée qu'une mouche venait de se
prendre. Elle s'élance, et le duel n'est pas
long; la mouche se débat quelques secon-
des, l'araignée a déjeuné enfin !

Sans doute la mouche est à plaindre; elle
avait bien son droit de vivre, et il est dur
d'expirer, dans l'horreur et l'effroi, entre les
pattes d'un monstre plus hideux que les
larves du cauchemar. Mais que pensent de
notre mansuétude les bœufs et les moutons
qui ont notre estomac pour cimetière?

Le déjeuner fini, on quitte la salle à manger et l'on passe au salon, un fourré de ronces bien frais, bien ombreux, arrêtant le soleil et laissant passer l'air, aux jolies feuilles mignonnement découpées, aux longues branches flexueuses, perchoirs confortables où la conversation se berce comme dans un fauteuil à l'américaine. La compagnie est nombreuse : on y voit le linot, le pinson, la fauvette, le chardonneret, la grisette, la mésange, le rouge-gorge, le roitelet, qui causent entre eux, se racontant les nouvelles du bois, les petits scandales récents. Il y a des galantins et des coquettes, débitant des madrigaux et faisant de petites mines. Les Don Juans prennent leurs grands airs vainqueurs, et les virtuoses exécutent sans se faire prier les morceaux favoris du nouvel opéra. Leur chant jaillit de leur gosier, facile et sonore ; ce n'est pas la saison des rhumes.

C'est un raout en plein jour, comme il s'en donne quelquefois dans le monde lors-

que la maîtresse de la maison est jeune et
jolie, et tient à démasquer les artifices de
maquillage de ses rivales. Mais nulle des in-
vitées n'emploie la poudre de riz, le *k'hol* et
le fard. Leurs couleurs sont naturelles : la
mésange à tête noire ne se teint pas en
roux; on ne voit pas que la grive musicienne
se pose une touche de rouge sous l'œil
pour s'aviver le regard; la fauvette ne se
barbouille pas les pattes de blanc de perle.
Les robes de toutes ces dames viennent d'être
renouvelées par la mue. Elles n'ont donc
rien à redouter de la lumière.

Quand on a bien causé, bien ri, bien
chanté, bien sautillé, chacun s'en va, sans
qu'il soit besoin qu'un laquais crie dans le
vestibule : « La voiture de Monsieur ou de
Madame est avancée! » En deux ou trois
coups d'ailes l'oiseau est rentré chez lui ou
s'est transporté ailleurs, au gré de son caprice. Il a, le bienheureux oiseau, le privilège de l'aile, qui le délie de la terre, le
délivre de la pesanteur, supprime pour lui la

distance, lui ouvre tous les chemins du ciel, lui donne presque l'ubiquité et le rend indépendant et libre.

Pourtant, quelque rapide qu'il soit, la mort sait l'atteindre au plus haut des airs comme sous la feuillée la plus épaisse. Aucune retraite ne peut être cachée à la vieille Mab. Le pauvre cher petit oiseau devient malade ; les couleurs de son plumage se ternissent ; frileusement ramassé en boule, le bec abaissé sur la poitrine, les membranes de l'œil à demi-tirées, comme si le jour le blessait, se retenant avec peine à son perchoir, il reste immobile pendant de longues heures. De temps à autre, il laisse échapper un gazouillement faible, qui ressemble au murmure d'un rêve ou à la plainte d'un enfant. Puis il retombe dans son morne silence. Rien de touchant comme la résignation de la bête à l'agonie. C'est d'elle qu'on peut dire en toute vérité, comme dans l'oraison funèbre de Madame : « Elle fut douce avec la mort. »

Bientôt un frémissement convulsif l'a-
gite ; ses plumes se hérissent ; ses doigts
armés d'ongles, qui ont poussé encore pendant la maladie, se détendent, s'ouvrent et
quittent la branche. L'oiseau si léger tombe
comme un plomb ; car rien ne rend plus
lourd que la mort. Il est là par terre, lui
habitué à l'azur, parmi quelques graminées
qu'a déplacées sa chute, étendu sur le dos,
couché entre ses ailes désormais inertes, le
bec demi-ouvert, l'œil déjà terne, et les
pattes douloureusement tendues vers le
ciel, comme des mains dont la supplication
a été inutile et qui implorent toujours.

Comment la nouvelle de sa mort s'est-
elle répandue? Sa famille n'a pas envoyé de
lettres de faire-part, ce n'est pas l'usage
chez les oiseaux, et déjà toute la tribu des
fourmis est informée ; les mouches le savent.
Les unes accourent, sondant le chemin de
leurs antennes, les autres se hâtent en
bourdonnant et en battant des ailes, gaies
comme des héritiers que rien n'oblige à

l'hypocrisie. La Nature, qui tire perpétuel-
lement la vie de la mort, se répétrit sans
cesse sous de nouvelles formes ; l'éternelle
matière n'a pas une sensibilité larmoyante.

Fourmis et mouches prélèvent sur cette
bonne aubaine ce qui leur convient. La
fourmi en détache une parcelle, la mouche
y dépose son œuf, qui, plus tard devenu
larve, trouvera sa nourriture dans le petit
cadavre. Mais ce cadavre il ne peut rester
ainsi sous la pure lumière, offensant les
yeux et l'odorat par le spectacle et la putri-
dité de sa décomposition. La mort a sa
pudeur et demande l'ombre pour ses mys-
tères. Il faut donc que ce pauvre petit
corps soit inhumé et rendu à la poussière
d'où il vient. Toute forme brisée doit être
rejetée au creuset pour se couler ensuite
dans un nouveau moule.

Avez-vous remarqué qu'on ne rencontre
jamais dans les bois le cadavre d'un animal mort ! Les rapaces les font disparaître,
et la Nature a mille moyens de les enterrer

14

sans recourir à l'entreprise des pompes
funèbres. Elle possède ses officiers de deuil,
ses ensevelisseurs, ses croquemorts et ses
fossoyeurs, aussi philosophes que s'ils
avaient dialogué avec Hamlet. C'est la
nombreuse tribu des nécrophores en costume noir, de braves insectes qui s'acquit-
tent avec conscience de cette mesure de
salubrité.

Ils arrivent d'un pas grave et lent, comme
l'exige la circonstance, constatent le décès,
prennent la mesure du corps, pinson ou
fauvette, et commencent leur besogne avec
méthode. Ils fouissent la terre sous le cadavre et font une fosse d'une régularité parfaite, où il descend graduellement et sans
secousse, soutenu par le dos des nécrophores, mieux que s'il était descendu avec
descordes. Il s'enfonce ainsi comme s'il rentrait de lui-même au sein maternel. Bientôt
il est au niveau du sol; quelques minutes
encore, et il aura disparu. Les nécrophores remontent et rejettent sur le corps,

avec les pelles de leurs pattes, la terre qu'ils ont tirée du trou ; ils l'étendent, ils la piétinent, ils la tassent et l'égalisent. Dans quelques jours, lorsque la pluie aura fait affaisser la petite éminence, il sera bien difficile de retrouver la tombe de l'oiseau.

Déjà une vie sourde commence à fermenter dans ce domaine de la mort ; les œufs confiés se développent ; les larves tressaillent confusément. Chacun, être animé ou végétal, reprend à ce corps l'élément dont il a besoin, et bientôt de la poussière de l'oiseau s'envole une mouche brillante et naît une fleur au frais coloris, au parfum suave.

CHAPITRE X

PRÈTE A PRENDRE CONGÉ.

Sortons un moment de la forêt. La Nature est belle partout, même quand on y sent la présence de l'homme ; d'ailleurs elle n'abdique jamais ses droits. Dans ces blés jaunissants, aux lourds épis plantés en sillons égaux qui sont produits par la volonté laborieuse du laboureur, elle sème les étoiles de lapis du bluet et les cocardes écarlates du coquelicot : paillettes d'azur, étincelles de flamme, rompant à propos la monotonie de ces longues bandes jaunâtres, un peu ennuyeuses à l'œil malgré leur utilité incontestable. Decamps, le merveilleux coloriste, ne procédait pas autrement : il peignait des points rouges et bleus dans ses tableaux, comme pour donner le *la* à sa symphonie de tons.

Ce n'est pas une fleur bien estimée que le bluet; elle est charmante, mais ne coûte rien et pousse toute seule dans les champs. Les enfants s'en font des couronnes que n'eût pas dédaignée Glycère, la bouquetière d'Athènes, pour les offrir au bel Alcibiade allant au banquet de Platon. Le bluet a le port élégant et son étoile dentelée sort avec grâce de sa capsule verte. S'il n'a pas de parfum, il possède le mérite de présenter un échantillon de bleu franc, sans aucun mélange de violet, couleur dont la Nature est excessivement avare. Qu'il faisait bien, semé en bouquets sur les draps blancs tendus au passage des processions, lorsque Dieu pouvait encore sortir de chez lui et que sa fête était publique! Qui sied mieux sur un chapeau de paille que deux ou trois bluets relevés d'un coquelicot et mêlés aux longues barbes de quelques épis? Nous aimons cette honnête fleur rustique que rejette comme trop commune la coquetterie dédaigneuse des petites dames, et qui pare

14.

si bien le front ingénu d'une vierge de
quinze ans. A son aspect, le refrain de la
ballade de Victor Hugo, dans *les Orientales*,
nous voltige involontairement sur les lèvres :

> Allez, allez, ô jeunes filles !
> Cueillir des bluets dans les blés.

Le bluet semble se plaire avec le blé et
se mêler volontiers à la couronne de Cérès.
Notre mémoire ne nous rappelle pas de
bluet hors des moissons. Nous n'en avons
jamais vu ni dans les bois ni sur le bord
des chemins. Le coquelicot, lui, est beaucoup plus vagabond ; ses graines légères
volent partout. Le chemin de fer même ne
l'effraie pas ; il pousse sur la crête des rem-
blais et jusqu'entre les rails, où ses fleurs
rouges ressemblent à des parcelles de braise
échappées au cendrier de la locomotive.

Au-dessus de ces épis et de ses fleurs vole
l'alouette des champs, qui aime aussi les
sillons, où elle fait son nid sur une motte de
terre, dédaignant les arbres et les buissons

comme trop sauvages. C'est un charmant
oiseau que l'alouette avec son dos brun et
son ventre d'un blanc moucheté, gai, alerte
peu farouche, toujours prêt à chanter. Ce
gentil oiseau a, dit-on, le caractère français, et César donna le nom de Légion de
l'Alouette à un corps de Gaulois adjoint à
l'armée romaine, pour son humeur vive
et franche.

L'alouette se réjouit dans la clarté et elle
monte verticalement, à des hauteurs prodi-
gieuses pour une si petite aile, comme si
elle voulait se perdre au fond de l'azur. La
lumière l'attire et elle y tend d'un essor infatigable; enivrée de la splendeur du ciel,
elle chante à plein gosier son joyeux *tirely*,
que Ronsard s'est en vain efforcé de rendre
par des onomatopées bizarres, dans sa fameuse chanson, trop vantée par la Pléïade.
Il y a longtemps qu'on ne la voit plus, qu'on
entend encore sa note vibrante et claire.
Puis, bientôt, le point tout à l'heure effacé
reparaît, devient plus distinct. Là haut, tout

au fond du ciel, près des portes du paradis
où la légende veut qu'elle fasse un bout de
causette avec saint Pierre, un souvenir lui
vient soudain au cœur et la fait redescendre
ici-bas. Elle pense à sa tendre femelle, à
ses chers petits, et le désir de se retrouver près d'eux est si vif, qu'elle se laisse
tomber comme une balle de plomb ; et
quand elle a vu que tout va bien, que l'oiseleur n'a pas découvert le nid de la famille,
quelle a échangé quelques mots avec sa
couvée déjà grandelette, elle s'élève de
nouveau comme une fusée et reprend son
chant avec un entrain inépuisable.

C'est elle, la messagère du matin, que
Shakespeare a chargée d'avertir Roméo de
l'approche dangereuse du jour ; et Juliette
a beau dire : « C'est le rossignol qui toutes
les nuits chante, là-bas, sur le grenadier,
et non l'alouette, » il faut que le beau jeune
homme, bien à regret, enjambe le balcon.
Mais pourquoi la fille de Capulet, lançant à
l'oiseau matinal quelques malédictions d'a-

moureuse, ajoute-t-elle cette phrase bizarre
et mystérieuse : « On dit que l'alouette et
le crapaud on changé d'yeux. Oh ! que
n'ont-ils aussi changé de voix, puisque
cette voix nous arrache effarés l'un à
l'autre, et te chasse d'ici par un hourvari
matinal. »

A quelle légende populaire ces paroles
obscures font-elles allusion ? Nous n'avons
jamais entendu parler de ce troc d'yeux
entre le hideux batracien et le charmant
oiseau, et la note de Warburton n'éclaircit
pas du tout ce passage singulier.

L'alouette aime la lumière et y vole.
L'homme abuse de ce noble élan pour la
prendre ; il fait étinceler devant elle un piège
tournant, constellé de petits fragments de
glace. Elle vient, elle accourt, les ailes pal-
pitantes... pour s'y mirer, disent les mauvaises langues, car elle a un peu de coquetterie, sans cela elle ne serait pas si Française,
mais c'est une pure calomnie. C'est le rayon
qui la fascine ; elle y va, comme la nuit elle

vole à la flamme qu'on fait perfidement briller.

Étourdie de l'éclat, elle tourbillonne autour du braconnier et tombe sous les coups d'une raquette de bois, faite à peu près comme un battoir. Triste fin pour une si aimable et si gentille cantatrice !

Les pauvres oiseaux ainsi assassinés se vendent au marché sous le nom de mauviettes, — deux bouchées de chair à peine ! — Ils ont pour linceul une barde de lard, et la croûte d'un pâté leur sert de tombeau !

Le soleil laisse tomber d'aplomb ses lueurs enflammées. Le jour trop ardent et trop cru éblouit les yeux. Le silence de midi règne dans les campagnes ; les oiseaux se taisent et se tiennent à l'abri ; c'est à peine si la cigale a la force de répéter son cri strident, tant est lourd l'accablement des heures brûlantes. L'herbe surchauffée luit et glisse sous le pied. Ce qu'il y a de mieux à faire, c'est de retourner à la forêt, par ce vague sentier que les chasseurs appellent

« une passée de gibier, » reconnaissable seulement à quelques branches rompues dans le taillis, à quelques brins d'herbe foulés dans le gazon. Suivons-le en toute confiance ; il nous mènera plus loin que ne vont les pieds des promeneurs, amis des grandes allées battues et des carrefours de chasse où s'élève d'ordinaire un obélisque de grès grossièrement taillé et surmonté d'une boule.

C'est le sanctuaire même du bois, la forteresse où se retirent les animaux.

Nous voici arrivé, après mille détours, la figure parfois cinglée par les branches que notre passage déplace, les pieds retenus par les racines qui traversent l'étroit sentier comme des couleuvres, à un endroit de la forêt un peu moins touffu, à une espèce de clairière qu'ouvre un ruisseau qui coule à travers les bois, et où viennent se désaltérer les cerfs, les daims, les chevreuils, les renards, les geais, les pies, les loriots, et toute cette population de poil et de plume qu'alarme l'aspect de l'homme.

Les grands arbres montent droits et pressés, le pied dans la mousse, la cime dans
le ciel, couverts d'un vigoureux feuillage
un peu sombre déjà, comme à la fin de
l'été, lorsque depuis longtemps les nuances
blondes de mai ont disparu, et qu'Octobre
prépare sa palette riche en tons d'ocre, de
safran et de rouille.

Heure sérieuse et solennelle, où le paysage
avec ses verdures poussées au noir, a l'air
d'un tableau de Poussin ou de Guaspre,
comme on en voit dans les salles à manger
d'Italie. C'est le moment du style et des
lignes sévères.

Un coup de lumière frappe les éboulements de pierrailles, les chevelures
d'herbes, les nœuds de racines qui forment
pittoresquement la berge du ruisseau, où le
Diogène d'un paysage historique pourrait
sans déroger puiser de l'eau avec sa main.

La Nature a quelquefois la fantaisie d'être
classique, et ce n'est pas alors qu'elle est
la moins belle.

Des tons d'ocre, tachetés de quelques plaques blanches ou verdâtres dans le déchi-
rement du petit ravin où l'eau glisse parmi
les cailloux; les branches rompues et les
feuilles tombées donnent un centre lumineux à ce tableau d'une harmonie un peu
sévère. Entre les cimes brillent d'étroites
échappées de ciel, et sous les branches, à
travers les interstices des arbres, glissent
des reflets de jour lointain. Sur ce fond de
verdure sombre, une blancheur de marbre
ne messiérait pas, un buste de Pan taillé en
gaine comme un Hermès, et autour duquel
les nymphes danseraient en se tenant par
la main.

A défaut de cela, sur le haut de la berge,
une silhouette bizarre se dessine avec sa
tête aux joues minces, presque triangulaire,
ses petites cornes et son corps déhanché
par les raccourcis de la perspective. Il a
l'air à la fois effaré et curieux, cet animal
que vous ne définissez pas encore. Il vous
a vu, car ses yeux sont meilleurs que les

15

vôtres; il est intrigué, il voudrait savoir ce
que vous êtes venu faire là. Sa poltronne-
rie naturelle lui conseille de fuir, mais son
désir de se renseigner sur « cet individu »,
comme dirait Toppfer, l'engage à rester.
Malgré sa timidité, il se risque à faire quelques pas en avant, et voilà le chevreuil —
il n'est plus permis même à un myope ayant
oublié son lorgnon d'en douter — en arrêt
sur la crête du ravin. Croyez que le cœur
lui bat fort, en dépit de sa belle contenance,
et qu'au moindre bruit une brusque retraite
l'emporterait au fond du bois.

Cependant l'eau qui coule entre vous et
lui le rassure, et protégé par ce fossé, ayant
la forêt par derrière, il vous regarde avec
assez d'aplomb; il observe, il étudie, il dé-
taille cette bête curieuse qu'on appelle un
Homme, et qui étonne toujours les animaux.
Il est fâcheux, au point de vue philosophique, que les bêtes ne puissent pas traduire
leurs opinions sur l'espèce humaine en langage intelligible. On dirait qu'ils sentent

la pensée, et cette force inconnue les inquiète. Peut-être nous méprisent-ils comme
des fats pleins de forfanterie, et répètent-
ils en leur idiome le mot de la fable : « Ah !
si les lions savaient peindre ! »

. Puisque le chevreuil ne se gêne pas pour
nous examiner des pieds à la tête, rendons-
lui la pareille. Il est là, bien campé, en
pleine lumière, dans une excellente pose,
ne faisant d'autre mouvement que quelques
mutations d'oreille, et tel qu'un peintre
d'animaux pourrait le souhaiter pour en
faire une étude.

C'est un jeune : on le voit au fauve clair
de son pelage, qui serait un roux ardent
s'il était passé maître broquart, surtout en
plein été comme nous y sommes, car la robe
des chevreuils est plus brune l'hiver. Il n'a
pas encore de famille ; il n'entrera sans
doute en ménage que l'année prochaine, et
c'est ce qui lui donne ce petit air naïf de
jouvenceau.

Les chevreuils, quoiqu'ils se livrent par-

fois de grandes batailles, à l'époque des
amours, pour conquérir les chevrettes, —
comme ces chevaliers du moyen âge qui
n'obtenaient la main de leur belle qu'après
avoir désarçonné tous les prétendants en
champs clos, — les chevreuils, disons-nous,
sont de mœurs douces, pacifiques et patriar-
cales. Une fois formés, les couples ne se
désunissent jamais ; si l'un des conjoints
meurt ou est tué, l'autre ne survit guère.
Les petits restent attachés à leurs parents,
chose étonnante ! même lorsqu'ils n'en ont
plus besoin, et ils ne font pas bande à part
dès que les cornes leur ont poussé. Il n'est
pas rare de rencontrer des hardes formées
de trois générations, qui semblent obéir à
l'aïeul.

On a beaucoup célébré la douceur et
l'éclat des yeux de gazelle. C'est un lieu
commun de la poésie orientale. Les yeux de
chevreuil, qui n'ont jamais servi d'objet de
comparaison, n'en sont pas moins charmants, et fourniraient aux rimeurs d'Occi-

dent des images plus neuves. Ils sont noirs et brillants, d'une expression sympathique, et de plus, ils possèdent le don des larmes, ce qui les rend presque humains.

Le chevreuil est une bête élégante, svelte, bien découpée, aux jambes fines et menues, qui porte bien sa tête, et dont le malheur est de fournir une excellente venaison, supérieure à celle du cerf et du daim. Aussi le pauvre animal est-il le point de mire des chasseurs, et aura-t-il bientôt disparu, si l'on n'y prend garde. Plus rapide que le cerf, doué d'autant de fond que le loup, le chevreuil est presque impossible à forcer. Il part, mais après un premier élan, il s'arrête et regarde venir le chien, par suite de cet instinct de curiosité dont nous parlions tout à l'heure. Il compte sur la vitesse de ses pieds, et l'espace intermédiaire qu'il agrandira d'un bond le rassure. Cela l'amuse de voir le basset se frayer péniblement un chemin à travers les herbes et les broussailles, et de l'entendre clabauder.

15.

On pourrait même croire qu'il oublie la présence de l'ennemi ; il joue, se gratte l'oreille du pied, se met à brouter comme s'il était seul ; cependant, du coin de l'œil, il observe la marche lente de l'animal à pattes torses, et quand il le juge trop rapproché, il a bientôt rétabli l'intervalle et recommence son manège ; mais le jeu finit par lui être fatal. Ce basset qu'il méprise le distrait du chasseur, et un coup de fusil bien ajusté change la comédie en drame.

C'est ainsi que périssent la plupart des chevreuils.

« Aucune bête de nos forêts, dit Toussenel, ce grand chasseur devant Dieu et devant Fourier, qui en sait plus sur les mœurs des animaux que tous les naturalistes, n'entend mieux que le chevreuil le principe de charité et de solidarité. Le chevreuil, persécuté par les chiens, n'a pas besoin, comme le cerf et le daim, d'employer la violence pour faire bondir le change. Le change vient de lui-même s'offrir pour concourir au

salut de la bête poursuivie, et c'est merveille de voir comment tous ces charmants
coureurs s'entendent pour créer des embar-
ras à la meute. Imitez avec un appeau le
cri du petit chevreuil en détresse, et toutes
les chevrettes accourent pour lui prêter
assistance. On rougit presque pour l'homme,
en pensant qu'il existe des assassins sans
entrailles qui profitent odieusement de cet
instinct de charité maternelle. » Cela est
fort bien; mais combien de meurtres de
chevreuils avez-vous sur la conscience, spi-
rituel Mercutio du phalanstère? Les brahmes
qui poussent le respect de la vie si loin
qu'ils se voilent la bouche d'une gaze, de
peur d'avaler, par mégarde, un moucheron
et de causer ainsi la mort d'un être,
seraient-ils dans le vrai? Ils nous attendrissent du moins par cette puérilité touchante
de pitié au milieu du massacre général.

Rien de plus innocent que le chevreuil;
il ne dévaste pas, comme le cerf, les champs
voisins de la forêt; il ne fouille pas le sol

pour déterrer les pommes de terre. Ses plus grands méfaits consistent à tondre, dans les prés, peut-être un peu plus que la largeur de sa langue, et à brouter quelques pousses de jeune blé. Il se nourrit de glands, de faînes et principalement de bourgeons d'arbres et d'arbrisseaux. Cette frugalité ne l'empêche pas d'être friand de truffes. Il les subodore, à travers le sol, au pied des chênes autour desquels voltigent les tipules, et il les amène à la surface en se servant de ses pieds comme le porc de son groin.

Mais s'il est des êtres inoffensifs dont la vie ne coûte rien à personne, il en est d'éminemment et de gratuitement nuisibles en apparence, comme la sauterelle à coutelas, que voilà assise sur une touffe d'herbe, prête à se lancer en l'air par le puissant ressort de ses longues pattes de derrière repliées, et à porter partout le ravage. Ces terribles faucheuses rasent un champ de blé en quelques minutes et dépouillent presque instantanément un arbre de son feuillage. Où elles

passent, elles font l'hiver ; il ne reste pas
une feuille verte sur la campagne. Si elles
étaient solitaires, on ne s'apercevrait guère
de leurs dégâts. Mais elles s'attroupent,
elles se coalisent, elles forment des armées,
elles se nomment Légions, comme les dé-
mons de la Bible. Et c'est alors qu'elles
répandent autour d'elles la désolation, en
réduisant à l'état de squelette la végétation
la plus luxuriante.

D'où viennent ces voraces? Personne ne
pourrait le dire au juste. On sait seulement
qu'elles sont surtout chez elles en Orient :
le pays de la peste, voilà leur patrie. Cela
nous donne à penser qu'elles descendent
probablement, en ligne directe, de celles que
fit naître Moïse en étendant sa verge sur la
terre d'Égypte, de ces sauterelles qui, comme
nous l'apprend l'Exode, « couvrirent toute
la surface de la terre, mangèrent toute
l'herbe et dévorèrent tout ce qui se trouvait
de fruit sur les arbres ». Ce qu'il y a de
certain, c'est que cette plaie d'Egypte, ou-

vrage du Dieu des Hébreux, opérant par l'intermédiaire de Moïse et d'Aaron, n'a jamais eu de fin : elle dure encore aujourd'hui ; elle s'est propagée dans les régions qui avoisinent la vallée du Nil ; elle s'est étendue dans toutes les directions de l'Afrique, comme le choléra.

Cependant, les anachorètes de la Thébaïde firent des sauterelles le mets fondamental de leur cuisine. Saint Jean au désert s'en régalait les jours gras. Les Arabes les mettent confire dans une espèce de saumure vinaigrée : faible compensation des disettes qu'elles produisent !

CHAPITRE XI

ELLE MET SA ROBE FEUILLE MORTE.

L'aspect de la forêt commence à changer ; le feuillage, qui portait la livrée verte de l'Été, semble s'ennuyer de cette teinte. De monochrome il devient versicolore ; chaque arbre s'habille à sa façon et témoigne ainsi de son indépendance : les tons se réchauffent et prennent la richesse de la maturité. Toute une gamme de jaunes variés s'étale sur la palette de la nature. Les reflets du couchant paraissent se fixer sur les feuilles. Les unes ont des nuances d'or, les autres des colorations de safran ; celles-ci rougissent, celles-là sont frottées de bitume comme une esquisse de Rembrandt. Le vert, qui naguère dominait, s'efface peu à peu. Il ne reste que le vert noir des sapins, immuablement triste, et sur lequel les évolutions de l'année ne sauraient agir. Déjà quelques feuilles détachées montent, descendent et voltigent, comme les paillettes d'or dans l'eau-de-vie de Dantzick. C'est l'époque qui convient le mieux aux peintres, et que préférait à toutes Théodore Rousseau, le grand paysagiste romantique. En prenant la Nature à ce moment-là, les artistes évitent de servir au Salon ces plats d'épinards, éternels sujets de plaisanterie des philistins, qui n'ont pas remarqué que les arbres étaient absolument verts tout le printemps et une bonne partie de l'été.

Il en est de l'Automne comme des littératures de décadence : le charme printanier est depuis longtemps évanoui ; mais n'existe-t-il pas encore une séduction permanente et mélancolique, dans cette beauté mûrissante qui va se faner et disparaître ? Comme nous le disions à propos du style de Baudelaire : Le couchant n'a-t-il pas sa splendeur comme le matin ? Ces rouges de cuivre, ces

ors verts, ces tons de turquoise se fondant
avec le saphir, toutes ces teintes qui brû-
lent et se décomposent dans le grand incendie final ; ces nuages aux formes étranges
et monstrueuses, que les jets de lumière
pénètrent et qui semblent l'écroulement gigantesque d'une Babel aérienne, valent bien
la pâleur rosée de l'aurore, dont nous admi-
rons, plus que personne, la candeur virginale ; mais ce couchant non plus n'est pas à
mépriser.

La Nature, au printemps, était une jeune
ingénue ; une robe blanche, une ceinture
rose, quelques fleurs dans les cheveux suf-
fisaient à la parer. Pendant l'Été, c'était
une femme dans tout l'épanouissement de
sa beauté féconde ; sa grâce un peu frêle et
juvénile d'abord, avait pris des contours
plus soutenus, plus arrondis. Une toilette
plus riche lui allait bien ; elle pouvait mêler
à sa couronne des fleurs d'un coloris plus
éclatant, d'un parfum plus fort, et même
quelques fruits dorés par le soleil. Elle était

assez belle pour braver la grande lumière, et les bals en plein jour ne l'effrayaient pas.

Maintenant, sans doute, elle a conservé encore beaucoup de ses charmes ; elle est belle toujours et on peut l'aimer. Mais déjà quelques signes de fatigue se manifestent sur son noble visage; les tempes s'attendrissent ; les petites veines bleues y paraissent davantage; l'œil, un peu meurtri, a moins d'éclat et plus de pensée ; la bouche sourit, mais d'un sourire triste et plein de pressentiment. Comme une femme qui sait que demain il sera trop tard pour aimer, elle est à la fois plus grave et plus tendre, et reçoit ses adorateurs persévérants avec une sorte de reconnaissance mélancolique. Symptôme alarmant ! Elle reste bien plus longtemps à sa toilette qu'autrefois, sa chevelure, si abondante naguère, et que d'un mouvement superbe elle secouait sur ses épaules nues, a besoin aujourd'hui de quelque artifice. Des pampres de velours déjà rougissants, des

raisins aux grains d'ambre et d'améthyste
masquent à propos quelques places un peu
éclaircies. Il lui faut des robes aux plis puissants, en étoffes somptueuses : des brocarts
d'or ramagés de noir, des velours tannés,
des satins feuille-morte, des guipures de
Venise, de lourds bracelets à ses bras d'un
plein contour, des diamants et des bijoux
anciens sur sa riche poitrine, d'une blancheur dorée comme un tableau de Titien ou
de Giorgione. Elle est plus belle le soir que
le matin, comme toutes les femmes sur le
retour, et le couchant, avec son incendie de
couleurs, redonne de la vie à sa figure pâle.

Hélas ! bientôt la neige va tomber sur
ces cheveux si lustrés encore. Les mauvais
jours approchent, les nuages s'amassent au
ciel, les brouillards montent de la terre ;
mais parfois le soleil reprend le dessus. L'air,
tout à coup, s'attiédit ; il semble que l'Été
va renaître, et la Nature retrouve un jeune
sourire ; sa beauté lui revient plus touchante et plus passionnée.

Sachons jouir en poète de ces retours qui retardent le déclin. N'abandonnons pas celle qui nous a fait tant de moments heureux. Allons lui rendre visite, ou tout au moins mettre notre carte cornée à sa porte. Ne nous hâtons pas de retourner à la ville, parmi la fange, la fumée, la pluie, les pestilences de toutes sortes.

Un air vif et frais a balayé les nuages, et les arbres de la route détachent leur feuillage rose d'un ciel qui a le bleu de turquoise du vieux Sèvres pâle tendre. La journée sera superbe, et le sentiment du mauvais temps prochain la rend plus agréable encore.

Les filandières matinales ont activement travaillé; tout le pré qui borde la route est couvert d'une immense gaze diamantée, suspendue aux pointes d'herbe par des fils aériens. Titania, voulant séduire Obéron et se faire donner ce jeune page, sujet de leur querelle, trouverait là des falbalas en dentelles d'argent pour sa robe de clair de lune, d'un effet irrésistible et miraculeux.

Ces industrieuses araignées des champs, quoiqu'elles ne puissent connaître les modes de Paris, sont dignes de fournir le vestiaire des acteurs fantastiques qui jouent dans le *Songe d'une nuit d'été*. Jamais danseuse, soulevant sous le jet de la lumière électrique la pluie de paillettes de sa jupe, ne trouva de tarlatane plus légère et plus transparente pour montrer, comme à travers une vapeur blanche, ses formes voluptueuses moulées par le maillot rose. Et pourtant, tout ce luxe, toute cette féerie, tout ce travail immense n'ont d'autre but que d'attraper quelques misérables moucherons à demi-transis par le froid du matin. Ces pauvres ouvrières, mesquinement vêtues d'une robe grise, ont grand'faim dès l'aube, car elles ont passé la nuit à l'ouvrage, sans être payées double, et il faut qu'elles fournissent leur fil! ce fil, dévidé d'elles-mêmes, dont la bobine est dans leur ventre, et qui épuise leur vie si elles ne mangent pas. Que de mètres dépensés pour ourdir ces tissus

16.

délicats qui s'étendent sur des arpents de prairie !

Dans l'air flottent, soyeux, légers, plus blancs que l'argent et que la neige, ces longs filaments que le vent balance et promène. On les appelle Fils de la Vierge, et une poétique légende populaire veut qu'ils soient échappés de la quenouille de la Mère céleste, occupée à filer pour faire des chemises aux petites âmes nues des enfants pauvres. Cette explication nous paraît très vraisemblable et nous l'acceptons très volontiers. Des savants prétendent qu'il faut attribuer ces fils à une bourre cotonneuse détachée de certains arbres et cardée par le vent. D'autres, mieux inspirés, y voient l'ouvrage d'une espèce d'araignées. Toujours est-il que ces fils couleur de neige sont un signal de beau temps. On ne les voit se dérouler que lorsque le soleil luit et que le ciel est pur.

En automne, il ne faut compter sur rien : les journées belles le matin, deviennent laides le soir, comme ces petites filles, jolies comme des anges à sept ou huit ans, qui font plus tard d'assez vilaines femmes. Le ciel s'est brouillé ; un petit nuage noir, grognon et bossu, qui se retrognait dans un coin de l'horizon, s'est développé sournoisement ; comme une outre aplatie dans laquelle on souffle, il s'est gonflé démesurément. Le voilà énorme, hydropique à crever, et il va verser ses seaux d'eau sur la campagne. Le vent de l'est est sauté à l'ouest, et des haleines humides semblent sortir de la poitrine de l'océan lointain.

Un murmure pareil au bruit confus des grandes eaux court sur la cime de la forêt, dont les arbres secoués s'entre-choquent avec des craquements et des plaintes sourdes qui ont comme une expression de douleur humaine. Tous les méchants oiseaux qui aiment la tempête se réjouissent et poussent des cris discords. Le geai garrule ; la pie sautèle et ragache ; le corbeau, quittant sa gravité de croque-mort, danse gauchement, comme un bouffon sinistre, et croasse de sa voix enrhumée.

Cherchons un abri sous ce chêne. Nous n'avons pas le temps de regagner la ville, et déjà la pluie tombe à larges gouttes. Le géant séculaire nous abritera sous le toit de ses feuilles, qui se rejettent l'eau comme des tuiles superposées. Nous pourrions même entrer dans la large crevasse de son tronc, guérite naturelle où les pâtres et les braconniers se réfugient, et parfois même allument du feu, comme le témoigne cette longue cicatrice noire à l'intérieur de l'arbre, qui depuis longtemps ne vit que par l'écorce. Cela suffit pour qu'il puise au sein de la terre la sève vigoureuse qui le soutient. De tels vieillards durent plus que leurs fils.

Nous voilà ainsi installé comme un saint dans sa niche, immobile, pensif, vaguement occupé de ces rêveries confuses qu'inspire la réclusion imposée par la pluie, quand on est obligé, au milieu des champs

ou des bois, de chercher un refuge contre
l'averse imprévue et soudaine. Les images
du passé reviennent et se déroulent derrière ce rideau de fils que la pluie fait
tomber du ciel sur terre, et qui rappelle
l'ancien spectacle de Séraphin, où un rideau semblable s'abaissait entre le théâtre.
et le naïf public pour dérober aux yeux les
ficelles des marionnettes.

Quelle procession de pantins désolés !
pourrait-on dire comme Alfred de Musset,
dans cette charmante pièce adressée à la
Paresse. Que de figures, trouvées autrefois
adorables, vous semblent aujourd'hui laides
et maussades ; comme elles ont changé, et
comme on change soi-même !...

La pluie tombe toujours, faisant sur les
feuilles un pétillement de grêle, rejaillissant
de tous côtés et lançant des éclaboussures.
Les branches trop chargées d'eau plient, se
secouent et la déversent sur les herbes,
entre lesquelles s'établissent mille petits
courants qui sont des Niagaras aux fourmis.

Ce serait le moment de composer un son-
net sur des rimes difficiles et rares, car il
est impossible de faire autre chose par la
pluie dans le creux d'un chêne.

Mais quel est ce bruit de broussailles
froissées, de pierres qui roulent, de sabots
qui piétinent, entremêlé de cliquetis et de
grognements? On dirait un corps de cava-
lerie chargeant un ennemi invisible ; ou le
chasseur sauvage des ballades allemandes,
si bien peint par Henneberg, traverserait-il
la forêt au galop?

Les broussailles s'écartent, et toute une
troupe de sangliers débouche bruyamment
sur une petite clairière hérissée de roches
et de ronces, où déjà la pluie a formé des
flaques de boue. Heureusement, ils ne nous
ont pas vu ; à l'automne surtout, ces messieurs ont le caractère mal fait et l'humeur
tant soit peu farouche. Le gland abonde,
et le gland agit sur eux comme l'avoine sur
les chevaux : il leur donne du feu, de la
vigueur et leur cause une sorte d'ivresse

qui les rend prompts à chercher querelle. Il
y a le père, un *quartan* robuste et mons-
trueux, pesant deux cents kilogrammes, et
qui doit descendre en droite ligne du sanglier de Calydon, capturé par Méléagre.
Les défenses qui lui rebroussent la lèvre
ont l'air de croissants de lune, et le plus
élégant cavalier de la tribu des Hadjoutes
serait heureux de les suspendre au poitrail
de son cheval, en manière d'ornement. Il
les repasse sur les grais (on appelle ainsi
les crocs supérieurs) avec un cliquetis de
castagnettes assez formidable, qui ne rappelle nullement la *cachucha* ou le *zapateado*.
Sa hure bestiale n'est pas dépourvue d'une
certaine majesté. Le terrible empêche le
grotesque. La laie est une matrone de forte
encolure, féconde comme une mère Gigo=
gne, qui bougonne et grommelle assez
maussadement. Elle n'est pas si bien
armée que son époux ; mais si elle ne peut
découdre, elle sait très bien porter des
coups de boutoir et mordre.

Quant aux marcassins, ils sont d'une gaieté folâtre. La pluie les amuse considérablement ; ils barbotent et se vautrent dans les flaques, se cuirassent de boue avec une satisfaction évidente. Ce cosmétique primitif convient à leur cuir hérissé de soies. Ils jouent ensemble, se heurtent et poussent de petits grognements voluptueux. L'un deux s'est renversé sur le dos, comme en extase ; un autre redresse sa hure et tâche de mordre au passage un filet de pluie ; comme un paysan d'Espagne, il essaie de boire à la régalade. Le tableau est comique, mais la moindre imprudence pourrait le rendre tragique.

Le sanglier charge avec une impétuosité aveugle contre tout ce qui se présente. C'est une boule noire qui roule et se précipite, culbutant tout devant elle. Si vous n'avez pas le temps de vous détourner et de gagner un asile, votre vie court de grands risques; les défenses du sanglier, quand elles ne sont pas *mirées* par l'âge, coupent comme le meilleur rasoir de Sheffield, ou le sabre affilé dont les Japonais s'ouvrent le ventre. D'un coup de boutoir le sanglier lance en l'air les chiens décousus, et les garçons de cirque ne sont pas là pour les recevoir avec cette attitude affectueuse qu'ils avaient dans l'ancienne affiche de la barrière du Combat. Il est inutile de dire qu'il ne se gêne pas pour traiter le chasseur qui l'a manqué de la même manière.

Enfin, après s'être bien roulés dans la boue et avoir savouré à leur aise les voluptés de la pluie, les sangliers se retirent, allant prendre leurs ébats ou retournant à leur fort dans une autre partie de la forêt. Le bruit des branches qu'ils rompent dans le taillis se prolonge encore quelque temps, et l'on n'entend plus que les gouttes d'eau qui glissent des feuilles de moins en moins nombreuses; la pluie a cessé, et nous pouvons regagner notre gîte. Nous sommes bien mouillés encore. Les arbres s'agitent et frissonnent comme des chiens qui sortent de l'eau éclaboussant tout à la ronde.

Des feuillages, des herbes et des plantes mouillés s'exhale une senteur pénétrante. La vie végétale se ranime ; le monde des insectes fourmille et bourdonne. Les animaux quittent leurs retraites et reprennent leurs occupations interrompues. Quelques gazouillements d'oiseaux se font entendre.

Au pied des arbres, sur le bord des sentiers, les champignons, qui se sont moqués de la pluie sous leurs larges chapeaux, se montrent pareils à des Kobolds, entre la mousse et les mauvaises herbes : les uns, honnêtes champignons faits pour figurer dans les tourtes et les godiveaux ; les autres, champignons scélérats, dignes d'être cueillis par Locuste pour le souper de Britannicus, empoisonneurs plus subtils que César Borgia ou qu'Exili, l'amant de la Brinvilliers, valant l'acqua-tofana et le curare pour expédier dans l'autre monde un oncle à succession ou un mari gênant ; la fausse oronge, l'amanite et tant d'autres, que l'on croit connaître et qui trompent les plus habiles.

Sur la large ombrelle d'un de ces crypto-
games se traînent, agitant leurs tentacules,
des loches, hideuses limaces semblables à
à un escargot auquel on aurait arraché sa
coquille. De leur bave gluante elles argen-
tent la pulpe immonde du champignon,
qu'elles rongent lentement. Elles se gorgent
à loisir de poison. Le vénéneux est sain pour
l'immonde. Nous les écraserions bien sous
la semelle de notre botte, mais sentir s'écraser flasquement cette chose molle, gluante,
quelle horreur et quel dégoût! Et puis, qui
sait? Ces limaces accomplissent peut-être
une mission; elles débarrassent et purgent
la forêt de cette oronge perfide qu'aurait pu
ramasser un enfant. Elles vident la boîte à
poisons de la Nature!

———————

CHAPITRE XII

HORIZONS PROCHAINS.

Il semble, en ce moment, que la Nature se hâte de déployer ses énergies. Sous des soleils plus lourds, les fruits mûrissent, se dorent, se diaprent de tons vermeils. Les pêches se veloutent et rougissent comme des joues de jeunes filles à qui l'on parle d'amour. Les raisins verts, sous les pampres éclaircis, prennent des transparences d'ambre ou d'améthyste. L'églantier, dont la petite rose a disparu depuis longtemps, s'orne de ses jolis boutons de corail auxquels, nous ne savons pourquoi, la langue populaire donne un nom si disgracieux. Les sorbiers étalent leurs corymbes de baies rouges si aimées des oiseaux. Ce n'est plus la beauté du Printemps, ni la vigueur de l'été ; mais

bien l'âge mûr. Les promesses des premiers
mois sont fidèlement tenues. La graine
devenue fleur, a donné son fruit. Tout ce
qui a été semé se recueille.

Déjà les lourds chariots traînés par des
bœufs, ont ramené les gerbes dans les
granges, et, sous les coups cadencés du fléau,
le grain a été séparé de la paille. Les champs
dépouillés de leur parure d'or, ressemblent, avec leurs sillons nus, à des pièces
d'étoffe brune rayée de noir. Ils ont rendu à
gros intérêts ce que la main du semeur,
s'ouvrant dans la pâleur de l'aurore ou la
rougeur du soir, leur avait prêté autrefois.

Les oiseaux vont et viennent, fendant
joyeusement l'air dans toutes les directions.
Ils n'ont plus le souci de leur couvée, et se
donnent du bon temps sans remords, comme
des pères de famille dont les enfants sont
placés. A tous les buissons pendent des
mûres, des graines et des baies de toutes
sortes. Des myriades de cousins, de mouches, d'insectes, que fait pulluler l'humidité

17.

chaude de la saison, leur offrent de nombreux régals, une carte variée de mets
friands. Aussi engraissent-ils comme des
financiers, et prennent-ils, malgré leurs ailes,
cette majestueuse obésité de la quarantaine
qu'admirait Brillat-Savarin. Les ortolans,
les becfigues, les cailles, semblent vouloir
tenter le fusil du chasseur, ou s'adapter
eux-mêmes cette bande de lard qui doit les
envelopper à la broche. Il est passé, le temps
des chansons et des amours, de la jeune
maigreur et des équipées romanesques.

L'époque des vendanges approche. Dans
les villages, le maillet du tonnelier retentit
gaiement sur les cercles qui maintiennent
les douves. On recherche les vieux tonneaux
vides, on les remplit d'eau pour s'assurer
qu'ils ne fuient pas et en réparer le bois. On
graisse la vis des pressoirs, on nettoie les
corbeilles et les hottes qui doivent servir à
la cueillette et au transport du raisin. Les
propriétaires de vignobles rassemblent, en-
régimentent, vendangeurs et vendangeuses.

Les ménagères apprêtent les larges terri-
nes de soupe fumante, et sur la pente des
coteaux, parmi les pampres et les échalas,
on voit briller quelque jupe rouge, quelque
carreau bleu, quelque chemise blanche qui
fourmillent activement autour des ceps.

Au-dessus des vignes, sans prendre garde
au plomb du chasseur, tourbillonnent les
grives ivres de raisin.

De la terre, moite des abondantes rosées
de la nuit, s'élèvent des fumées et des
brouillards qui, parfois, se résolvent en
pluie fine, et que le plus souvent absorbe le
soleil plus haut monté sur l'horizon. Le ciel
se débarbouille de ses nuances grises, et devient d'un joli bleu un peu froid, où courent deux ou trois légers nuages, et sur
lequel se détache en rose la file des sveltes
peupliers qui bordent le chemin.

On voit encore voltiger çà et là quelques
papillons blancs tardifs, se poursuivant pour
conclure leurs noces, car ils n'ont plus que
bien peu de jours à vivre, et de longs fils

de la Vierge viennent se suspendre à vos
habits.

La forêt a changé de couleur. On ne se
plaindra plus de l'uniformité de sa verdure,
qui n'existe d'ailleurs, que pour les yeux
inattentifs, car le vert d'aucun arbre n'est
pareil. A mesure que le froid approche, une
chaleur de ton se déclare parmi les feuillages, comme s'ils voulaient retenir le soleil
qui s'en va. C'est la magnificence du couchant comparée à la splendeur blanche de
midi. Tout prend une intensité, une vigueur et un éclat incomparables, comme
dans la fournaise du crépuscule les couleurs
s'incendient et se décomposent en brûlant,
de manière à produire des effets d'une
richesse éblouissante. En se retirant, la sève
laisse les feuilles se revêtir des nuances les
plus variées, dans cette gamme opulente et
chaude qui plaît tant aux artistes, moins
sensibles peut-être aux bouquets blancs et
roses du Printemps qu'à la fauve couronne
de feuilles mortes de l'Automne.

Si l'on regarde la vaste forêt qui s'étend sur la pente de la colline, on est frappé de cette transformation d'aspect causée par quelques matinées froides, où la gelée blanche suspend ses petites perles aux pointes des herbes et dans les mailles des filets d'araignée. Sur un chaud frottis de bitume à la Rembrandt, la Nature fait du feuillé avec des tons de topaze, d'or rouge, d'or pâle, de jaune ocreux, de terre de Sienne, de cuivre rouge ; quelquefois elle pousse l'audace jusqu'à esquisser sur un fond sombre de sapins ou de noires verdures persistantes, un arbre au feuillage écarlate : insolence de coloriste qui lui réussit toujours. L'immense voûte formée par le sommet des arbres s'étend jusqu'à l'horizon, fauve et rutilante, légèrement brûlée dans les parties que la lumière n'atteint pas, semblant offrir des défis à la palette, surtout lorsqu'un oblique rayon de soleil fait étinceler comme une écume d'or la cime des vagues de feuillage.

De loin en loin s'élèvent des fumées
bleuâtres, pareilles à celles des holocaustes
antiques, produites par les feux d'herbes
sèches que font brûler les paysans. Dans le
silence un aboi se fait entendre ; un coup de
feu retentit : c'est quelque braconnier à la
poursuite d'un chevreuil.

Si l'on pénètre dans la forêt, le spectacle
n'est pas moins splendide. Les feuilles tombées étalent sous vos pieds leur tapis de
velours roux, épais et moelleux, où pointent
les champignons comestibles ou vénéneux,
comme des kobolds coiffés de leurs petits
chapeaux. Ces branches au feuillage jaune
déchiqueté laissent voir le bleu du ciel, et
rappellent une étoffe de damas broché d'or
et d'azur.

Vous marchez, un bruit vous fait tressaillir : c'est un gland qui tombe du haut d'un
chêne, espoir de la forêt future, et s'enfonce
dans cette molle litière pour aller chercher
la terre nourrie, d'où il ressortira, au bout
de quelques années, frêle arbuste, et plus

tard chêne géant à son tour, et capable de
fournir sa membrure au vaisseau, sa poutre
à l'édifice, et sa douve au vin qui réjouit le
cœur de l'homme, solide, robuste, incorrup-
tible. La faîne abandonne aussi la branche
du hêtre; les bouleaux laissent échapper leur
graine mûre, le sapin secoue ses pommes
écaillées, et dans cette saison qui semble
annoncer la mort tout prépare la vie.

En bonne ménagère, la Nature fait ses
provisions pour la saison stérile. Elle emma.
gasine ses fruits, les range dans ses greniers
sur des planches, chacun suivant son espèce.
Elle suspend les uns à des fils, donne aux
autres une couche de paille, recouvre ceux-
ci d'une natte, laisse ceux-là à l'air libre.
Personne ne s'entend comme elle à conser-
ver les pommes, les poires, les abricots, les
raisins d'une saison à l'autre, sans avoir
besoin d'en faire des confitures ou du rai-
siné. Comme elle est active, comme elle travaille en ce moment même où l'on croit
qu'elle se repose à jouir tranquillement de

l'aisance acquise ! Mais ce sont les jeunes
évaporées, les mariées qui n'entendent rien
encore au ménage qui se conduisent ainsi.
La Nature, quoique toujours jeune, n'est pas
née d'hier. Elle a de l'expérience, et sait
qu'il ne faut pas manger son capital. Elle
prévoit que la saison prochaine amènera des
besoins nouveaux, et elle s'arrange en con-
séquence.

Comme une mère prudente qui ne garde
pas, en temps de disette, tous ses enfants
auprès d'elle et en envoie un certain nombre
chez des parents éloignés qui habitent des
pays plus fertiles, la Nature conseille à ceux
qui ont des ailes d'aller hiverner dans des
climats moins rigoureux, ou dont la froide
saison ne coïncide pas avec la nôtre. Les
grues, les cigognes, les canards, les oies
sauvages, les cailles, les bécasses, quoiqu'elles ne soient guère spirituelles, ont
compris à demi-mot ce que leur disait cette
prévoyante maîtresse de maison. Elles se
rassemblent et se préparent à l'émigration.

Des bandes immenses de palombes, capables de couvrir le ciel comme des nuages, se précipitent vers les gorges des Pyrénées, où les attendent les oiseaux de proie, les filets et les chasseurs, qui ne parviennent pas, malgré un long massacre, à arrêter leur essor et à diminuer leur nombre. Le pauvre petit rossignol, audacieux et insouciant comme un artiste, parvient à franchir l'Alpe neigeuse, et s'en va chanter dans les jardins de Vérone, sous le balcon de Juliette. Il gagnera sa vie dans ce pays de virtuoses. Mais quoi! les hirondelles, qui connaissent le temps comme des augures et lisent dans le ciel à livre ouvert, continuent à pousser leurs cris joyeux autour des cheminées, à raser le sol d'un éclair rapide en happant les moucherons encore nombreux! On dirait qu'elles ont oublié leurs habitudes voyageuses. Cependant, un certain jour, qui ne diffère en rien des autres aux yeux myopes de l'homme, une inquiétude soudaine, que rien ne semble motiver, s'empare de la

tribu. C'est un caquetage perpétuel entre
les petites sœurs à robe noire et à guimpe
blanche, et voilà ce qu'elles se disent,
comme l'a raconté dans ses vers un poète
de nos amis, qui entend le langage des
oiseaux comme Démocrite, Dupont de Nemours, ou l'Erylangus du beau *Pécopin*.

Déjà plus d'une feuille sèche
Parsème les gazons jaunis ;
Soir et matin, la bise est fraîche,
Hélas ! les beaux jours sont finis !

On voit s'ouvrir les fleurs que garde
Le jardin, pour dernier trésor.
Le dahlia met sa cocarde
Et le souci sa toque d'or.

La pluie au bassin fait des bulles ;
Les hirondelles sur le toit
Tiennent des conciliabules ;
Voici l'hiver, voici le froid !

Elles s'assemblent par centaines
Se concertant pour le départ.
L'une dit : « Oh! que dans Athènes
Il fait bon sur le vieux rempart !

« Tous les ans j'y vais, et je niche
Aux métopes du Parthénon.
Mon nid bouche dans la corniche
Le trou d'un boulet de canon. »

L'autre : « J'ai ma petite chambre
A Smyrne, au plafond d'un café.
Les Hadjis comptent leurs grains d'ambre
Sur le seuil d'un rayon chauffé.

« J'entre et je sors, accoutumée
Aux blondes vapeurs des chiboucks,
Et, parmi des flots de fumée
Je rase turbans et tarbouchs. »

Celle-ci : « J'habite un triglyphe
Au fronton d'un temple, à Balbeck.
Je m'y suspends avec ma griffe
Sur mes petits au large bec. »

Celle-là : « Voici mon adresse :
Rhode, palais des Chevaliers ;
Chaque hiver ma tente s'y dresse
Au chapiteau des noirs piliers. »

La cinquième : « Je ferai halte,
Car l'âge m'alourdit un peu,
Aux blanches terrasses de Malte,
Entre l'eau bleue et le ciel bleu. »

La sixième : « Qu'on est à l'aise
Au Caire, en haut des minarets !
J'empâte un ornement de glaise,
Et mes quartiers d'hiver sont prêts. »

« A la seconde cataracte,
Fait la dernière, j'ai mon nid ;
J'en ai noté la place exacte
Dans le pschent d'un roi de granit. »

Toutes : « Demain, combien de lieues
Auront filé sous notre essaim ;
Plaines brunes, pics blancs, mers bleues
Brodant d'écume leur bassin ? »

Avec cris et battements d'ailes,
Sur la moulure aux bords étroits,
Ainsi jasent les hirondelles
Voyant venir la rouille au bois.

Je comprends tout ce qu'elles disent,
Car le poète est un oiseau ;
Mais, captif, ses élans se brisent
Contre un invisible réseau !

Des ailes ! des ailes ! des ailes!
Comme dans le chant de Ruckert,
Pour voler là-bas avec elles
Au soleil d'or, au printemps vert !

La veille, on les voyait tourbillonner par
milliers avec une agitation extraordinaire ;
le lendemain, on n'en voit plus une. Elles
sont déjà bien loin, les rapides voyageuses
qui défient tous les moyens de vélocité de
l'homme, locomotives et bateaux à vapeur,
et que l'électricité seule peut devancer. Il
était temps ; la mauvaise saison se déclare

18.

tout à coup. Les vents se déchaînent, les nuages crèvent, et la tempête secoue les arbres comme pour en faire tomber les feuilles couleur de safran et rougies par le givre du matin. Les insectes, sentant qu'ils vont mourir, s'occupent activement de la génération future de leurs enfants, qu'ils ne doivent jamais voir, et qui, ne connaissant pas leurs parents, pourront se croire les fils directs de la terre. Admirable sollicitude, maternité désintéressée qui n'aura pas sa récompense ! Ils enfouissent leurs œufs dans le milieu le plus favorable, avec une étonnante sûreté, dans le bois, dans la terre, dans l'eau, dans le cadavre d'un animal, dans les poils d'une chenille, dans la graine d'une plante ; et la petite larve, enfant posthume, trouvera autour d'elle tout ce qui est nécessaire à ses développements : ses sommeils limbiques seront protégés jusqu'au jour où, ses métamorphoses accomplies, elle s'élancera dans la vie définitive et complète. L'éternel mouvement circulaire des généra-

tions ne s'arrêtera pas. De l'hécatombe sans
fin des individus, l'espèce renaît toujours
vivace; la mort n'est que le fumier fécond
de la vie.

Les corbeaux, les corneilles, les pies criail-
lent aigrement entre les branches des vieux
arbres dégarnis, dont la robuste armature,
masquée naguère par le feuillage, se laisse
voir à nu comme l'indication anatomique
d'un dessin de maître. L'œuvre de l'année
est finie, en apparence du moins; car déjà
sous le sol tout travaille et fermente sour-
dement. Les germes des choses sentent l'inquiétude de la vie prochaine.

C'est l'époque où la Nature peut se retirer chez elle, et, comme une paysanne à la
veillée, écouter en filant les légendes d'autrefois, à moins qu'elle ne raconte elle-même
une de ces merveilleuses histoires qu'elle
sait si bien. Mais la Nature est peu par-
leuse. Elle se fait plutôt comprendre par des
images que par des phrases, et le livre
auquel depuis si longtemps elle travaille est

comme un journal d'illustrations sans texte.
Pendant ces longues soirées, les pieds allon-
gés vers les braises du foyer, la tête appuyée
sur la vieille tapisserie de son fauteuil, elle
médite silencieusement, et bientôt le sommeil ferme ses paupières attendries ; mais
en regardant son visage, dont la beauté
transparaît sous les rides, on devine au sourire qui voltige sur ses lèvres qu'elle rêve
de printemps et d'amour.

MÉNAGERIE

INTIME

MÉNAGERIE INTIME

I

TEMPS ANCIENS

On a souvent fait notre caricature : habillé à la turque, accroupi sur des coussins, entouré de chats dont la familiarité ne craint pas de nous monter sur les épaules et même sur la tête. La caricature n'est que l'exagération de la vérité ; et nous devons avouer que nous avons eu de tout temps pour les chats en particulier, et pour les animaux en général, une tendresse de brahmane ou de vieille fille. Le grand Byron traînait toujours après lui une ménagerie, même en voyage, et il fit élever un tombeau avec un épitaphe en vers de sa composition,

dans le parc de l'abbaye de Newstead, à
son fidèle terre-neuve Boastwain. On ne
saurait nous accuser d'imitation pour ce
goût, car il se manifesta chez nous à un
âge où nous ne connaissions pas encore
notre alphabet.

Comme un homme d'esprit prépare en ce
moment une *Histoire des animaux de lettres*,
nous écrivons ces notes dans lesquelles il
pourra puiser, en ce qui concerne nos bêtes,
des documents certains.

Notre plus ancien souvenir de ce genre
remonte à notre arrivée de Tarbes à Paris.
Nous avions alors trois ans, ce qui rend
difficile à croire l'assertion de MM. Mire-
court et Vapereau, prétendant que nous
avons fait « d'assez mauvaises études »
dans notre ville natale. Une nostalgie dont
on ne croirait pas un enfant capable s'em-
para de nous. Nous ne parlions que patois,
et ceux qui s'exprimaient en français
« n'étaient pas des nôtres. » Au milieu de
la nuit, nous nous éveillions en demandant si

l'on n'allait pas bientôt partir et retourner au pays.

Aucune friandise ne nous tentait, aucun joujou ne nous amusait. Les tambours et les trompettes ne pouvaient rien sur notre mélancolie. Au nombre des objets et des êtres regrettés figurait un chien nommé Cagnotte, qu'on n'avait pu amener. Cette absence nous rendait si triste qu'un matin, après avoir jeté par la fenêtre nos soldats de plomb, notre village allemand aux maisons peinturlurées, et notre violon du rouge le plus vif, nous allions suivre le même chemin pour retrouver plus vite Tarbes, les Gascons et Cagnotte. On nous rattrapa à temps par la jaquette, et Joséphine, notre bonne, eut l'idée de nous dire que Cagnotte, s'ennuyant de ne pas nous voir, arriverait le jour même par la diligence. Les enfants acceptent l'invraisemblable avec une foi naïve. Rien ne leur paraît impossible ; mais il ne faut pas les tromper, car rien ne dérange l'opiniâtreté de leur idée fixe. De quart d'heure en

quart d'heure, nous demandions si Cagnotte
n'était pas venu enfin. Pour nous calmer,
Joséphine acheta sur le Pont-Neuf un petit
chien qui ressemblait un peu au chien de
Tarbes. Nous hésitions à le reconnaître,
mais on nous dit que le voyage changeait
beaucoup les chiens. Cette explication nous
satisfit, et le chien du Pont-Neuf fut admis
comme un Cagnotte authentique. Il était
fort doux, fort aimable, fort gentil. Il nous
léchait les joues, et même sa langue ne dé-
daignait pas de s'allonger jusqu'aux tartines
de beurre qu'on nous taillait pour notre
goûter. Nous vivions dans la meilleure intelligence. Cependant, peu à peu, le faux Cagnotte devint triste, gêné, empêtré dans ses
mouvements. Il ne se couchait plus en rond
qu'avec peine, perdait toute sa joyeuse agilité, avait la respiration courte, ne mangeait plus. Un jour, en le caressant, nous
sentîmes une couture sur son ventre
fortement tendu et ballonné. Nous appelâ-
mes notre bonne. Elle vint, prit des ciseaux;

coupa le fil ; et Cagnotte, dépouillé d'une espèce de paletot en peau d'agneau frisée, dont les marchands du Pont-Neuf l'avaient revêtu pour lui donner l'apparence d'un caniche, se révéla dans toute sa misère et sa laideur de chien des rues, sans race ni valeur. Il avait grossi, et ce vêtement étriqué l'étouffait ; débarrassé de cette carapace, il secoua les oreilles, étira ses membres et se mit à gambader joyeusement par la chambre, s'inquiétant peu d'être laid, pourvu qu'il fût à son aise. L'appétit lui revint et il compensa par des qualités morales son absence de beauté. Dans la société de Cagnotte qui était un vrai enfant de Paris, nous perdîmes peu à peu le souvenir de Tarbes et des hautes montagnes qu'on apercevait de notre fenêtre ; nous apprîmes le français et nous devînmes, nous aussi, un vrai Parisien.

Qu'on ne croie pas que ce soit là une historiette inventée à plaisir pour amuser le lecteur. Le fait est rigoureusement exact et montre que les marchands de chiens de ce temps-là étaient aussi rusés que des maquignons, pour parer leurs sujets et tromper le bourgeois.

Après la mort de Cagnotte, notre goût se porta vers les chats, comme plus sédentaires et plus amis du foyer. Nous n'entreprendrons pas leur histoire détaillée. Des dynasties de félins, aussi nombreuses que les dynasties des rois égyptiens, se succédèrent dans notre logis ; des accidents, des fuites, des morts, les emportèrent les uns après les autres. Tous furent aimés et regrettés. Mais la vie est faite d'oubli, et la mémoire des chats s'efface comme celle des hommes.

Cela est triste, que l'existence de ces humbles amis, de ces frères inférieurs, ne soit pas proportionnée à celle de leurs maîtres.

Après avoir mentionné une vieille chatte grise qui prenait parti pour nous contre nos parents et mordait les jambes de notre mère lorsqu'elle nous grondait ou faisait mine de

nous corriger, nous arriverons à Childebrand, un chat de l'époque romantique. On
devine, à ce nom, l'envie secrète de contre-
carrer Boileau, que nous n'aimions pas alors
et avec qui nous avons depuis fait la paix.
Nicolas ne dit-il point :

> O le plaisant projet d'un poète ignorant
> Qui de tant de héros va choisir Childebrand !

Il nous semblait qu'il ne fallait pas être
si ignorant que cela pour aller choisir un
héros que personne ne connaissait. Childebrand nous paraissait d'ailleurs, un nom
très chevelu, très mérovingien, on ne peut
plus moyen âge et gothique, et fort préférable à un nom grec, Agamemnon, Achille,
Idoménée, Ulysse, ou tout autre. Telles
étaient les mœurs du temps, parmi la jeunesse du moins, car jamais, pour nous servir de l'expression employée dans la notice
des fresques extérieures de Kaulbach à la
pinacothèque de Munich, jamais l'hydre du
perruquinisme ne dressa têtes plus hérissées;

et les classiques, sans doute, appelaient leurs
chats Hector, Ajax, ou Patrocle. Childebrand
était un magnifique chat de gouttière à poil
ras, fauve et rayé de noir, comme le panta-
lon de Saltabadil dans *Le Roi s'amuse*. Il
avait, avec ses grands yeux verts coupés en
amande et ses bandes régulières de velours,
un faux air de tigre qui nous plaisait ; —
les chats sont les tigres des pauvres diables,
— avons-nous écrit quelque part. Childebrand eut cet honneur de tenir une place
dans nos vers, toujours pour taquiner Boileau :

> Puis je te décrirai ce tableau de Rembrandt
> Qui me fit tant plaisir ; et mon chat Childebrand,
> Sur mes genoux posé selon son habitude,
> Levant sur moi la tête avec inquiétude,
> Suivra les mouvements de mon doigt qui dans l'air
> Esquisse mon récit pour le rendre plus clair.

Childebrand vient là fournir une bonne
rime à Rembrandt, car cette pièce est une
espèce de profession de foi romantique à un
ami, mort depuis, et alors aussi enthou-

siaste que nous de Victor Hugo, de Sainte-
Beuve et d'Alfred de Musset.

Comme don Ruy Gomez de Silva faisant
à don Carlos impatienté la nomenclature de
ses aïeux à partir de don Silvius « qui fut
trois fois consul de Rome », nous serons
forcé de dire, à propos de nos chats : « J'en
passe et des meilleurs », et nous arriverons
à *Madame-Théophile*, une chatte rousse à
poitrail blanc, à nez rose et à prunelles
bleues, ainsi nommée parce qu'elle vivait
avec nous dans une intimité tout à fait conjugale, dormant sur le pied de notre lit,
rêvant sur le bras de notre fauteuil, pendant que nous écrivions, descendant au jardin pour nous suivre dans nos promenades,
assistant à nos repas et interceptant parfois
le morceau que nous portions de notre
assiette à notre bouche.

Un jour, un de nos amis, partant pour
quelques jours, nous confia son perroquet
pour en avoir soin tant que durerait son
absence. L'oiseau se sentant dépaysé était

monté, à l'aide de son bec, jusqu'au haut de
son perchoir et roulait autour de lui, d'un air
passablement effaré, ses yeux semblables à
des clous de fauteuil, en fronçant les membranes blanches qui lui servaient de paupières.
Madame-Théophile n'avait jamais vu de perroquet; et cet animal, nouveau pour elle,
lui causait une surprise évidente. Aussi immobile qu'un chat embaumé d'Égypte dans
son lacis de bandelettes, elle regardait l'oiseau avec un air de méditation profonde,
rassemblant toutes les notions d'histoire naturelle qu'elle avait pu recueillir sur les
toits, dans la cour et le jardin. L'ombre de
ses pensées passait par ses prunelles changeantes et nous pûmes y lire ce résumé de
son examen: « Décidément c'est un poulet
vert. »

Ce résultat acquis, la chatte sauta à bas
de la table où elle avait établi son observa-
toire et alla se raser dans un coin de la
chambre, le ventre à terre, les coudes sortis,
la tête basse, le ressort de l'échine tendu,

comme la panthère noire du tableau de Gé-
rome, guettant les gazelles qui vont se désaltérer au lac.

Le perroquet suivait les mouvements de
la chatte avec une inquiétude fébrile; il
hérissait ses plumes, faisait bruire sa chaîne,
levait une de ses pattes en agitant les doigts,
et repassait son bec sur le bord de sa man-
geoire. Son instinct lui révélait un ennemi
méditant quelque mauvais coup.

Quant aux yeux de la chatte, fixés sur
l'oiseau avec une intensité fascinatrice, ils
disaient dans un langage que le perroquet
entendait fort bien et qui n'avait rien d'am-
bigu : « Quoique vert, ce poulet doit être
bon à manger. »

Nous suivions cette scène avec intérêt,
prêt à intervenir quand besoin serait. Madame-Théophile s'était insensiblement rap-
prochée : son nez rose frémissait, elle
fermait à demi les yeux, sortait et rentrait
ses griffes contractiles. De petits frissons
lui couraient sur l'échine, comme à un gour-

met qui va se mettre à table devant une
poularde truffée ; elle se délectait à l'idée
du repas succulent et rare qu'elle allait
faire. Ce mets exotique chatouillait sa sen-
sualité.

Tout à coup son dos s'arrondit comme un
arc qu'on tend, et un bond d'une vigueur
élastique la fit tomber juste sur le perchoir.
Le perroquet voyant le péril, d'une voix de
basse, grave et profonde comme celle de
M. Joseph Prudhomme, cria soudain : « As-
tu déjeûné, Jacquot ? »

Cette phrase causa une indicible épouvante à la chatte, qui fit un saut en arrière.
Une fanfare de trompette, une pile de vais-
selle se brisant à terre, un coup de pistolet
tiré à ses oreilles, n'eussent pas causé à l'a-
nimal félin une plus vertigineuse terreur.
Toutes ces idées ornithologiques étaient
renversées.

« Et de quoi ? — De rôti du roi », — continua le perroquet.

La physionomie de la chatte exprima clairement: « Ce n'est pas un oiseau, c'est un monsieur, il parle ! »

Quant j'ai bu du vin clairet,
Tout tourne, tout tourne au cabaret.

chanta l'oiseau avec des éclats de voix assourdissants, car il avait compris que l'effroi causé par sa parole était son meilleur moyen de défense. La chatte nous jeta un coup d'œil plein d'interrogation, et, notre réponse ne la satisfaisant pas, elle alla se blottir sous le lit, d'où il fut impossible de la faire sortir de la journée. Les gens qui n'ont pas l'habitude de vivre avec les bêtes, et qui ne voient en elles, comme Descartes, que de pures machines, croiront sans doute que nous prêtons des intentions au volatile et au quadrupède. Nous n'avons fait que traduire fidèlement leurs idées en langage humain. Le lendemain, Madame-Théophile, un peu rassurée, essaya une nouvelle tentative repoussée de même. Elle se le tint pour dit, acceptant l'oiseau pour un homme.

Cette délicate et charmante bête adorait les parfums. Le patchouli, le vetiver des cachemires, la jetaient en des extases. Elle avait aussi le goût de la musique. Grimpée sur une pile de partitions, elle écoutait fort attentivement et avec des signes visibles de plaisir les cantatrices qui venaient s'essayer au piano du critique. Mais les notes aiguës la rendaient nerveuse, et au *la* d'en haut elle ne manquait jamais de fermer avec sa patte la bouche de la chanteuse. C'est une expérience qu'on s'amusait à faire, et qui ne manquait jamais. Il était impossible de tromper sur la note cette chatte dilettante.

———

DYNASTIE BLANCHE

Arrivons à des époques plus modernes.
D'un chat rapporté de la Havane par Mlle Aïta
de la Penuela, jeune artiste espagnole dont
les études d'angoras blancs ont orné et or-
nent encore les devantures des marchands
d'estampes, nous vint un petit chat, mignon
au possible, qui ressemblait à ces houppes
de cygne qu'on trempe dans la poudre de
riz. A cause de sa blancheur immaculée il
reçut le nom de Pierrot qui, lorsqu'il fut
devenu grand, s'allongea en celui de Don-
Pierrot-de-Navarre, infiniment plus majestueux, et qui sentait la grandesse. Don Pierrot, comme tous les animaux dont on s'occupe et que l'on gâte, devint d'une amabilité
charmante. Il participait à la vie de la maison avec ce bonheur que les chats trouvent

dans l'intimité du foyer. Assis à sa place
habituelle, tout près du feu, il avait vraiment l'air de comprendre les conversations
et de s'y intéresser. Il suivait des yeux les
interlocuteurs, poussant de temps à autre
de petits cris, comme s'il eût voulu faire
des objections et donner, lui aussi, son avis
sur la littérature, sujet ordinaire des entretiens. Il aimait beaucoup les livres, et quand
il en trouvait un ouvert sur une table, il se
couchait dessus, regardait attentivement la
page et tournait les feuillets avec ses griffes ;
puis il finissait par s'endormir, comme s'il
eût, en effet, lu un roman à la mode. Dès
que nous prenions la plume, il sautait sur
notre pupitre et regardait d'un air d'attention profonde le bec de fer semer de pattes
de mouches le champ de papier, faisant un
mouvement de tête à chaque retour de ligne.
Quelquefois il essayait de prendre part à
notre travail et tâchait de nous retirer la
plume de la main, sans doute pour écrire à
son tour, car c'était un chat esthétique

comme le chat Murr d'Hoffmann ; et nous
le soupçonnons fort d'avoir griffonné des
mémoires, la nuit, dans quelque gouttière,
à la lueur de ses prunelles phosphoriques.
Malheureusement ces élucubrations sont per-
dues.

Don-Pierrot-de-Navarre ne se couchait
pas que nous fussions rentré. Il nous attendait au dedans de la porte et, dès notre premier pas dans l'antichambre, il se frottait à
nos jambes en faisant le gros dos, avec un
ronron amical et joyeux. Puis il se mettait à
marcher devant nous, nous précédant
comme un page, et, pour peu que nous l'en
eussions prié, il nous eût tenu le bougeoir.
Il nous conduisait ainsi à la chambre à coucher, attendait que nous fussions déshabillé,
puis il sautait sur notre lit, nous prenait le
col entre ses pattes, nous poussait le nez
avec le sien, nous léchait de sa petite langue rose, âpre comme une lime, en poussant de petits cris inarticulés, exprimant de
la façon la plus claire sa satisfaction de nous

revoir. Puis, quand ses tendresses étaient
calmées et l'heure du sommeil venue, il se
perchait sur le dossier de sa couchette et
dormait là en équilibre, comme un oiseau
sur la branche. Dès que nous étions éveillé,
il venait s'allonger près de nous jusqu'à
l'heure de notre lever.

Minuit était l'heure que nous ne devions
pas dépasser pour rentrer à la maison.
Pierrot avait là-dessus des idées de concierge. Dans ce temps-là nous avions formé,
entre amis, une petite réunion du soir qui
s'appelait « la Société des quatre chandelles », le luminaire du lieu étant composé, en effet, de quatre chandelles fichées
dans des flambeaux d'argent et placées aux
quatre coins de la table. Quelquefois la
conversation s'animait tellement qu'il nous
arrivait d'oublier l'heure, au risque, comme
Cendrillon, de voir notre carrosse changé
en écorce de potiron et notre cocher en
maître rat. Pierrot nous attendit deux ou
trois fois jusqu'à deux heures du matin;

mais, à la longue, notre conduite lui déplut, et il alla se coucher sans nous. Cette protestation muette contre notre innocent désordre nous toucha, et nous revinmes désormais régulièrement à minuit. Mais Pierrot nous tint longtemps rancune ; il voulut voir si ce n'était pas un faux repentir ; mais quand il fut convaincu de la sincérité de notre conversion, il daigna nous rendre ses bonnes grâces, et reprit son poste nocturne dans l'antichambre.

Conquérir l'amitié d'un chat est chose difficile. C'est une bête philosophique, rangée, tranquille, tenant à ses habitudes, amie de l'ordre et de la propreté, et qui ne place pas ses affections à l'étourdie : il veut bien être votre ami, si vous en êtes digne, mais non pas votre esclave. Dans sa tendresse il garde son libre arbitre, et il ne fera pas pour vous ce qu'il juge déraisonnable ; mais une fois qu'il s'est donné à vous, quelle confiance absolue, quelle fidélité d'affection ! Il se fait le compagnon de

20.

vos heures de solitude, de mélancolie et de travail. Il reste des soirées entières sur votre genou, filant son rouet, heureux d'être avec vous et délaissant la compagnie des animaux de son espèce. En vain, des miaulements retentissent sur le toit, l'appelant à une de ces soirées de chats où le thé est remplacé par du jus de hareng-saur, il ne se laisse pas tenter et prolonge avec vous sa veillée. Si vous le posez à terre, il regrimpe bien vite à sa place avec une sorte de roucoulement qui est comme un doux reproche. Quelquefois, posé devant vous, il vous regarde avec des yeux si fondus, si moelleux, si caressants et si humains, qu'on en est presque effrayé; car il est impossible de supposer que la pensée en soit absente.

Don-Pierrot-de-Navarre eut une compagne de même race, et non moins blanche que lui. Tout ce que nous avons entassé de comparaisons neigeuses dans la *Symphonie en blanc majeur* ne suffirait pas à donner une idée de ce pelage immaculé, qui eût fait paraître jaune la fourrure de l'hermine. On la nomma Séraphita, en mémoire du roman swedenborgien de Balzac. Jamais l'héroïne de cette légende merveilleuse, lorsqu'elle escaladait avec Minna les cimes couvertes de neiges du Falberg, ne rayonna d'une blancheur plus pure. Séraphita avait un caractère rêveur et contemplatif. Elle restait de longues heures immobile sur un coussin, ne dormant pas, et suivant des yeux, avec une intensité extrême d'attention, des spectacles invisibles pour les simples mortels. Les caresses lui étaient agréables; mais elle les rendait d'une manière très réservée, et seulement à des gens qu'elle favorisait de son estime, difficilement accordée. Le luxe lui plaisait, et c'était toujours sur le fauteuil le plus frais, sur le morceau d'étoffe le plus propre à faire ressortir son duvet de cygne, qu'on était sûr de la trouver. Sa toilette lui prenait un temps énorme; sa fourrure était lissée soigneusement tous les matins. Elle se débarbouillait avec sa patte ; et chaque poil de sa toison brossé avec sa langue rose, reluisait comme de l'argent neuf. Quand on la touchait, elle effaçait tout de suite les traces du contact, ne pouvant souffrir d'être ébouriffée. Son élégance, sa distinction éveillaient une idée d'aristocratie ; et dans sa race, elle était au moins duchesse. Elle raffolait des parfums, plongeait son nez dans les bouquets, mordillait, avec de petits spasmes de plaisir, les mouchoirs imprégnés d'odeur ; se promenait sur la toilette parmi les flacons d'essence, flairant les bouchons ; et, si on l'eût laissé faire, elle se fût volontiers mis de la poudre de riz. Telle était Séraphita ; et jamais chatte ne justifia mieux un nom plus poétique.

A peu près vers cette époque, deux de ces prétendus matelots qui vendent des couvertures bariolées, des mouchoirs en fibres d'ananas et autres denrées exotiques,

passèrent par notre rue de Longchamps. Ils
avaient dans une petite cage deux rats
blancs de Norwège avec des yeux roses les
plus jolis du monde. En ce temps-là, nous
avions le goût des animaux blancs; et jusqu'à notre poulailler était peuplé de poules
exclusivement blanches. Nous achetâmes
les deux rats; et on leur construisit une
grande cage avec des escaliers intérieurs
menant aux différents étages, des man-
geoires, des chambres à coucher, des tra-
pèzes pour la gymnastique. Ils étaient là,
certes, plus à l'aise et plus heureux que le
rat de La Fontaine dans son fromage de
Hollande.

Ces gentilles bêtes dont on a, nous ne
savons pourquoi, une horreur puérile, s'ap-
privoisèrent bientôt de la façon la plus
étonnante, lorsqu'elles furent certaines qu'on
ne leur voulait point de mal. Elles se laissaient caresser comme des chats, et, vous
prenant le doigt entre leurs petites mains
roses d'une délicatesse idéale, vous léchaient

amicalement. On les lâchait ordinairement
à la fin des repas ; elles vous montaient sur
les bras, sur les épaules, sur la tête, en-
traient et ressortaient par les manches des
robes de chambre et des vestons, avec une
adresse et une agilité singulières. Tous ces
exercices, exécutés très gracieusement,
avaient pour but d'obtenir la permission de
fourrager les restes du dessert ; on les posait
alors sur la table : en un clin d'œil le rat
et la rate avaient déménagé les noix, les
noisettes, les raisins secs et les morceaux
de sucre. Rien n'était plus amusant à voir
que leur air empressé et furtif, et que leur
mine attrapée quand ils arrivaient au bord
de la nappe ; mais on leur tendait une plan-
chette aboutissant à leur cage, et ils emma-
ganisaient leurs richesses dans leur garde-
manger. Le couple se multiplia rapidement ;
et de nombreuses familles d'une égale blancheur descendirent et montèrent les petites
échelles de la cage. Nous nous vîmes donc
à la tête d'une trentaine de rats tellement

privés que, lorsqu'il faisait froid, ils se fourraient dans nos poches pour avoir chaud et s'y tenaient tranquilles. Quelquefois nous faisions ouvrir les portes de cette Ratopolis, et, montant au dernier étage de notre maison, nous faisions entendre un petit sifflement bien connu de nos élèves. Alors les rats, qui franchissent difficilement des marches d'escalier, se hissaient par un balustre, empoignaient la rampe, et, se suivant à la file avec un équilibre acrobatique, gravissaient ce chemin étroit que parfois les écoliers descendent à califourchon, et venaient nous retrouver, en poussant de petits cris et en manifestant la joie la plus vive. Maintenant, il faut avouer un béotisme de notre part : à force d'entendre dire que la queue des rats ressemblait à un ver rouge et déparait la gentillesse de l'animal, nous choisîmes une de nos jeunes bestioles et nous lui coupâmes avec une pelle rouge cet appendice tant critiqué. Le petit rat supporta très bien

l'opération, se développa heureusement et
devint un maître rat à moustaches ; mais,
quoique allégé du prolongement caudal, il
était bien moins agile que ses camarades ;
il ne se risquait à la gymnastique qu'avec
prudence et tombait souvent. Dans les ascen-
sions le long de la rampe, il était toujours
le dernier. Il avait l'air de tâter la corde
comme un danseur sans balancier. Nous
comprîmes alors de quelle utilité la queue
était aux rats ; elle leur sert à se tenir en
équilibre lorsqu'ils courent le long des corniches et des saillies étroites. Ils la portent à
droite ou à gauche pour se faire contre-poids
alors qu'ils penchent d'un côté ou d'un autre.
De là ce perpétuel frétillement qui semble
sans cause. Mais quand on observe attentivement la nature, on voit qu'elle ne fait rien
de superflu, et qu'il faut mettre beaucoup
de réserve à la corriger.

Vous vous demandez sans doute comment
des chats et des rats, espèces si antipathi-
ques et dont l'une sert de proie à l'autre,

pouvaient vivre ensemble ? Ils s'accordaient
le mieux du monde. Les chats faisaient patte
de velours aux rats, qui avaient déposé
toute méfiance. Jamais il n'y eut perfidie de
la part des félins, et les rongeurs n'eurent
pas à regretter un seul de leurs camarades.
Don-Pierrot-de-Navarre avait pour eux l'a-
mitié la plus tendre. Il se couchait près de
leur cage et les regardait jouer des heures
entières. Et quand, par hasard, la porte de
la chambre était fermée, il grattait et miau-
lait doucement pour se faire ouvrir et rejoindre ses petits amis blancs, qui, souvent,
venaient dormir tout près de lui. Séraphita,
plus dédaigneuse et à qui l'odeur des rats,
trop fortement musquée, ne plaisait pas, ne
prenait point part à leurs jeux, mais elle ne
leur faisait jamais de mal et les laissait
tranquillement passer devant elle sans allonger sa griffe.

La fin de ces rats fut singulière. Un jour
d'été lourd, orageux, où le thermomètre
était près d'atteindre les quarante degrés

du Sénégal, on avait placé leur cage dans
le jardin sous une tonnelle festonnée de
vigne, car ils semblaient souffrir beaucoup
de la chaleur. La tempête éclata avec éclairs,
pluie, tonnerre et rafales. Les grands peupliers du bord de la rivière se courbaient
comme des joncs; et, armé d'un parapluie
que le vent retournait, nous nous prépa-
rions à aller chercher nos rats, lorsqu'un
éclair éblouissant, qui semblait ouvrir les
profondeurs du ciel, nous arrêta sur la première marche qui descend de la terrasse au
parterre.

Un coup de foudre épouvantable, plus
fort que la détonation de cent pièces d'ar-
tillerie, suivit l'éclair presque instantanément, et la commotion fut si violente que
nous fûmes à demi renversé.

L'orage se calma un peu après cette terrible explosion; mais, ayant gagné la tonnelle, nous trouvâmes les trente-deux rats,
les pattes en l'air, foudroyés du même
coup.

Les fils de fer de leur cage avaient sans doute attiré et conduit le fluide électrique.

Ainsi moururent tous ensemble, comme ils avaient vécu, les trente-deux rats de Norwège, mort enviable, rarement accordée par le destin !

III

DYNASTIE NOIRE

Don-Pierrot-de-Navarre, comme origi-
naire de la Havane, avait besoin d'une température de serre chaude. Cette température,
il la trouvait au logis; mais autour de l'habitation s'étendaient de vastes jardins, séparés par des claires-voies capables de donner passage à un chat, et plantés de grands
arbres où pépiaient, gazouillaient, chantaient
des essaims d'oiseaux; et parfois Pierrot,
profitant d'une porte entr'ouverte, sortait
le soir, en se mettant en chasse, courant à
travers le gazon et les fleurs humides de
rosée. Il lui fallait attendre le jour pour
rentrer, car, bien qu'il vînt miauler sous les
fenêtres, son appel n'éveillait pas toujours
les dormeurs de la maison. Il avait la poitrine délicate, et prit, une nuit plus froide

que les autres, un rhume qui dégénéra bientôt en phtisie. Le pauvre Pierrot au bout
d'une année de toux, était devenu maigre,
efflanqué ; son poil, d'une blancheur autrefois si soyeuse, rappelait le blanc mat du
linceul. Ses grands yeux transparents avaient
pris une importance énorme dans son masque diminué. Son nez rose avait pâli, et il
s'en allait, à pas lents, le long du mur où
donnait le soleil, d'un air mélancolique,
regardant les feuilles jaunes de l'automne
s'enlever en spirale dans un tourbillon. On
eût dit qu'il récitait dans l'élégie de Mille-
voye. Rien de plus touchant qu'un animal
malade : il subit la souffrance avec une résignation si douce et si triste ! On fit tout ce
qu'on put pour sauver Pierrot ; il eut un médecin très habile qui l'auscultait et lui tâtait
le pouls. Il ordonna à Pierrot le lait d'ânesse,
que la pauvre bête buvait assez volontiers
dans sa petite soucoupe de porcelaine. Il
restait des heures entières allongé sur notre
genou comme l'ombre d'un sphinx ; nous sen-

tions son échine comme un chapelet sous nos doigts ; et il essayait de répondre à nos caresses par un faible *ronron* semblable à un râle. Le jour de son agonie, il haletait couché sur le flanc ; il se redressa par un suprême effort. Il vint à nous, et, ouvrant des prunelles dilatées, il nous jeta un regard qui demandait secours avec une supplication intense ; ce regard semblait dire : « Allons, sauve-moi, toi qui es un homme. » Puis, il fit quelques pas en vacillant, les yeux déjà vitrés, et il retomba en poussant un hurlement si lamentable, si désespéré, si plein d'angoisse, que nous en restâmes pénétré d'une muette horreur. Il fut enterré au fond du jardin, sous un rosier blanc qui désigne encore la place de sa tombe.

Séraphita mourut, deux ou trois ans après, d'une angine couenneuse que les secours de l'art furent impuissants à combattre. Elle repose non loin de Pierrot.

Avec elle s'éteignit la dynastie blanche, mais non pas la famille. De ce couple blanc comme neige étaient nés trois chats noirs comme de l'encre. Explique qui voudra ce mystère. C'était alors la grande vogue des *Misérables* de Victor Hugo; on ne parlait que du nouveau chef-d'œuvre ; les noms des héros du roman voltigeaient sur to 'es les bouches. Les deux petits chats mâles furent appelés Enjolras et Gavroche, la chatte reçut le nom d'Eponine. Leur jeune âge fut plein de gentillesse, et on les dressa comme des chiens à rapporter un papier chiffonné en boule qu'on leur lançait au loin.

On arriva à jeter la boule sur des corniches d'armoire, à la cacher derrière des caisses, au fond de longs vases, où ils la reprenaient très adroitement avec leur patte. Quand ils eurent atteint l'âge adulte, ils dédaignèrent ces jeux frivoles et rentrèrent dans le calme philosophique et rêveur qui est le vrai tempérament des chats.

Pour les gens qui débarquent en Amérique dans une colonie à esclaves, tous les nègres sont des nègres et ne se distinguent

pas les uns des autres. De même, aux yeux
indifférents, trois chats noirs sont trois chats
noirs ; mais des regards observateurs ne s'y
trompent pas. Les physionomies des animaux diffèrent autant entre elles que celles
des hommes, et nous savions très bien distinguer à qui appartenaient ces museaux,
noirs comme le masque d'Arlequin, éclairés
par des disques d'émeraude à reflets d'or.

Enjolras, de beaucoup le plus beau des
trois, se faisait remarquer par une large
tête léonine à bajoues bien fournies de poils,
de fortes épaules, un râble long et une
queue superbe épanouie comme un plumeau.
Il avait quelque chose de théâtral et d'em-
phatique, et il semblait poser comme un
acteur qu'on admire. Ses mouvements étaient
lents, onduleux et pleins de majesté ; on eût
dit qu'il marchait sur une console encombrée
de cornets de Chine et de verres de Venise,
tant il choisissait avec circonspection la
place de ses pas. Quant à son caractère, il
était peu stoïque ; et il montrait pour la

nourriture un penchant qu'eût réprouvé son
patron. Enjolras, le sobre et pur jeune
homme, lui eût dit sans doute, comme l'ange
à Swedenborg : « Tu manges trop ! » On
favorisa cette gloutonnerie amusante comme
celle des singes gastronomes, et Enjolras
atteignit une taille et un poids rares chez
les félins domestiques. On eut l'idée de le
raser à la façon des caniches, pour complé-
ter sa physionomie de lion. On lui laissa la
crinière et une longue floche de poils au
bout de la queue. Nous ne jurerions pas
qu'on ne lui eût même dessiné sur les cuisses des favoris en côtelettes comme en portait Munito. Accoutré ainsi, il ressemblait,
il faut l'avouer, bien moins à un lion de
l'Atlas ou du Cap qu'à une chimère japo-
naise. Jamais fantaisie plus extravagante ne
fut taillée dans le corps d'un animal vivant.
Son poil rasé de près laissait transparaitre
la peau, prenait des tons bleuâtres, les
plus bizarres du monde, et contrastait
étrangement avec le noir de sa crinière.

Gavroche était un chat à expression futée et narquoise, comme s'il eût tenu à rappeler son homonyme du roman. Plus petit qu'Enjolras, il avait une agilité brusque et comique, et remplaçait les calembours et l'argot du gamin de Paris par des sauts de carpe, des cabrioles et des postures bouffonnes. Nous devons avouer que, vu ses goûts populaires, Gavroche saisissait au vol l'occasion de quitter le salon et d'aller faire, dans la cour et même dans la rue, avec des chats errants,

De naissance quelconque et de sang peu prouvé,

des parties d'un goût douteux où il oubliait complètement sa dignité de chat de la Havane, fils de l'illustre Don-Pierrot-de-Navarre, grand d'Espagne de première classe, et de la marquise Doña Séraphita, aux manières aristocratiques et dédaigneuses. Quelquefois il amenait à son assiette de pâtée, pour leur faire fête, des camarades étiques, anatomisés par la famine, n'ayant que le poil sur les os, qu'il avait ramassés dans ses vagabondages et ses écoles buisson- nières, car il était bon prince. Les pauvres hères, les oreilles couchées, la queue entre les jambes, le regard de côté, craignant d'être interrompus dans leur franche lippée par le balai d'une chambrière, avalaient les morceaux doubles, triples et quadruples ; et, comme le fameux chien *Siete-Aguas* (sept eaux) des *posadas* espagnoles, rendaient l'assiette aussi propre que si elle avait été lavée et écurée par une ménagère hollan- daise ayant servi de modèle à Mieris ou à Gérard Dow. En voyant les compagnons de Gavroche, cette phrase, qui illustre un dessin de Gavarni, nous revenait naturel- lement en mémoire : « Ils sont jolis les amis dont vous êtes susceptible d'aller avec ! » Mais cela ne prouvait que le bon cœur de Gavroche, qui aurait pu tout manger à lui seul.

La chatte qui portait le nom de l'intéres- sante Eponine avait des formes plus sveltes et plus délicates que ses frères. Son museau un peu allongé, ses yeux légèrement obliqués à la chinoise et d'un vert pareil à celui des yeux de Pallas-Athênê à laquelle Homère donne invariablement l'épithète γλαυκῶπις, son nez d'un noir velouté ayant le grain d'une fine truffe de Périgord, ses moustaches d'une mobilité perpétuelle, lui composaient un masque d'une expression toute particulière. Son poil, d'un noir superbe, frémissait toujours et se moirait d'ombres changeantes. Jamais bête ne fut plus sensible, plus nerveuse, plus électrique. Quand on lui passait deux ou trois fois la main sur le dos, dans l'obscurité, des étincelles bleues jaillissaient de sa fourrure, en pétillant. Eponine s'attacha particulièrement à nous comme l'Eponine du roman à Marius ; mais, moins préoccupé de Cosette que ce beau jeune homme, nous acceptâmes la passion de cette chatte tendre et dévouée, qui est encore la compagne assidue de nos travaux et l'agrément de notre ermitage aux confins de la banlieue. Elle accourt au coup de sonnette, accueille les visiteurs, les conduit au salon, les fait asseoir, leur parle, — oui, leur parle, — avec des ramages, des murmures, de petits cris qui ne ressemblent pas au langage que les chats emploient entre eux, et simulent la parole *articulée* des hommes. Que dit-elle? elle dit de la manière la plus intelligible : « Ne vous impatientez pas, regardez les tableaux ou causez avec moi, si je vous amuse; Monsieur va descendre. » A notre entrée, elle se retire discrètement sur un fauteuil ou sur l'angle du piano et écoute la conversation, sans s'y mêler, comme un animal de bon goût et qui sait son monde.

La gentille Eponine a donné tant de preuves d'intelligence, de bon caractère et de sociabilité, qu'elle a été élevée d'un commun accord à la dignité de *personne,* car une raison supérieure à l'instinct la gouverne évidemment. Cette dignité lui confère le droit de manger à table comme une personne et non dans un coin, à terre, sur une soucoupe, comme une bête. Eponine a donc sa chaise à côté de nous au déjeuner et au dîner ; mais, vu sa taille, on lui a concédé de poser sur le bord de la table ses deux pattes de devant. Elle a son couvert, sans fourchette ni cuiller, mais avec son verre ; elle suit tout le dîner plat par plat, depuis la soupe jusqu'au dessert, attendant son tour d'être servie et se comportant avec une décence et une sagesse qu'on souhaiterait à beaucoup d'enfants. Au premier tintement de cloche elle arrive ; et quand on entre dans la salle à manger on la trouve déjà à son poste, debout sur sa chaise et les pattes appuyées au rebord de la nappe, qui vous présente son petit front à baiser, comme une demoiselle bien élevée et d'une politesse affectueuse envers les parents et les gens âgés.

On trouve des pailles au diamant, des taches au soleil, des ombres légères à la perfection même. Eponine, il faut l'avouer, a un

goût passionné pour le poisson ; ce goût lui
est commun avec tous les chats. Contraire-
ment au proverbe latin :

Catus amat pisces, sed non vult tingere plantas,

elle tremperait volontiers sa patte dans l'eau
pour en retirer une ablette, un carpillon ou
une truite. Le poisson lui cause une espèce
de délire, et, comme les enfants qu'enivre
l'espoir du dessert, quelquefois elle rechi-
gne à manger sa soupe, quand les notes
préalables qu'elle a prises à la cuisine lui
font savoir que la marée est arrivée, et que
Vatel n'a aucune raison de se passer son
épée à travers le corps. Alors on ne la sert
pas, et on lui dit d'un air froid : « Mademoiselle, une *personne* qui n'a pas faim pour
la soupe ne doit pas avoir faim pour le poisson, » et le plat lui passe impitoyablement
sous le nez. Bien convaincue que la chose
est sérieuse, la gourmande Éponine avale
son potage en toute hâte, lèche la dernière

goutte de bouillon, nettoie la moindre miette
de pain ou de pâte d'Italie, puis elle se retourne vers nous et nous regarde d'un air
fier, comme quelqu'un qui est désormais
sans reproche, ayant accompli consciencieu-
sement son devoir. On lui délivre sa part,
qu'elle expédie avec les signes d'une satisfaction extrême ; puis, ayant tâté de tous les
plats, elle termine en buvant le tiers d'un
verre d'eau.

Quand nous avons quelques personnes à
dîner, Eponine, sans avoir vu les convives,
sait qu'il y aura du monde ce soir-là. Elle
regarde à sa place, et, s'il y a près de son
assiette couteau, cuiller et fourchette, elle
décampe aussitôt et va se poser sur un tabouret de piano, qui est son refuge en ces
occasions. Ceux qui refusent le raisonne-
ment aux bêtes expliqueront, s'ils le peuvent, ce petit fait, si simple en apparence,
et qui renferme tout un monde d'inductions.
De la présence près de son couvert de ces
ustensiles que l'homme seul peut employer,

la chatte observatrice et judicieuse déduit qu'il faut céder, ce jour-là, sa place à un convive, et elle se hâte de le faire. Jamais elle ne se trompe. Seulement, quand l'hôte lui est familier, elle grimpe sur les genoux du survenant, et tâche d'attraper quelque bon lopin, par sa grâce et ses caresses.

Mais en voilà assez ; il ne faut pas ennuyer ses lecteurs. Les histoires de chats sont moins sympathiques que les histoires de chiens, mais cependant nous croyons devoir raconter la fin d'Enjolras et de Gavroche. Il y a dans le rudiment une règle ainsi conçue : « *Sua eum perdidit ambitio* » ; — on peut dire d'Enjolras : « *sua eum perdidit pinguetudo* », son embonpoint fut la cause de sa perte. Il fut tué par d'imbéciles amateurs de civet. Mais ses meurtriers périrent dans l'année de la façon la plus malheureuse. La mort d'un chat noir, bête éminemment cabalistique, est toujours vengée.

Gavroche, pris d'un frénétique amour de

liberté ou plutôt d'un vertige soudain, sauta
un jour par la fenêtre, traversa la rue,
franchit la palissade du parc Saint-James
qui fait face à notre maison, et disparut.
Quelques recherches qu'on ait faites, on n'a
jamais pu en avoir de nouvelles ; une ombre mystérieuse plane sur sa destinée. Il
ne reste donc de la dynastie noire qu'Eponine, toujours fidèle à son maître et devenue tout à fait une chatte de lettres.

Elle a pour compagnon un magnifique
chat angora, d'une robe argentée et grise
qui rappelle la porcelaine chinoise truitée,
nommé Zizi, dit « *Trop beau pour rien
faire.* » Cette belle bête vit dans une sorte
de *kief* contemplatif, comme un thériaki
pendant sa période d'ivresse. On songe, en
le voyant, aux *Extases de M. Hochenez*. Zizi
est passionné pour la musique ; non content
d'en écouter, il en fait lui-même. Quelquefois, pendant la nuit, lorsque tout dort,
une mélodie étrange, fantastique, qu'envieraient les Kreisler et les musiciens de l'ave-

nir, éclate dans le silence : c'est Zizi qui
se promène sur le clavier du piano resté
ouvert, étonné et ravi d'entendre les touches chanter sous ses pas.

Il serait injuste de ne pas. rattacher à
cette branche Cléopâtre, fille d'Eponine,
charmante bête que son caractère timide
empêche de se produire dans le monde. Elle
est d'un noir fauve comme Mummia, la
velue compagne d'Atta-Croll, et ses yeux
verts ressemblent à deux énormes pierres
d'aigue-marine ; elle se tient habituellement
sur trois pattes, la quatrième repliée en
l'air, comme un lion classique qui aurait
perdu sa boule de marbre.

Telle est la chronique de la dynastie
noire. Enjolras, Gavroche, Eponine, nous
rappellent les créations d'un maître aimé.
Seulement, lorsque nous relisons les *Misé-*
rables, il nous semble que les principaux
rôles du roman sont remplis par des chats
noirs, ce qui pour nous n'en diminue nullement l'intérêt.

IV

CÔTÉ DES CHIENS

On nous a souvent accusé de ne pas aimer les chiens. C'est là une imputation qui, au premier abord, n'a pas l'air bien grave, mais dont nous tenons cependant à nous justifier, car elle implique une certaine défaveur. Ceux qui préfèrent les chats passent aux yeux de beaucoup de gens pour faux, voluptueux et cruels, tandis que les amis des chiens sont présumés avoir un caractère franc, loyal, ouvert, doué enfin de toutes les qualités qu'on attribue à la gent canine. Nous ne contestons nullement le mérite de Médor, de Turc, de Miraut et autres aimables bêtes, et nous sommes prêt à reconnaître la vérité de l'axiome formulé par Charlet : « Ce qu'il y a de mieux dans l'homme, c'est le chien. » Nous en avons possédé plusieurs, nous en avons encore, et si les dépréciateurs venaient à la maison, ils seraient accueillis par les aboiements grêles et furieux d'un bichon de la Havane et d'un lévrier qui leur mordraient peut-être les jambes. Mais notre affection pour les chiens est mélangée d'un sentiment de peur. Ces excellentes bêtes si bonnes, si fidèles, si dévouées, si aimantes, peuvent à un moment donné avoir la rage, et elles deviennent alors plus dangereuses que la vipère trigonocéphale, l'aspic, le serpent à sonnettes et le cobra-capello ; et cela nous modère un peu dans nos épanchements. Nous trouvons aussi les chiens un peu inquiétants ; ils ont des regards si profonds, si intenses ; ils se posent devant vous avec un air si interrogateur, qu'ils vous embarrassent. Gœthe n'aimait pas ce regard qui semble vouloir s'assimiler l'âme de l'homme, et il chassait l'animal en lui disant : « Tu as beau faire, tu n'avaleras pas ma monade. »

Le Pharamond de notre dynastie canine

se nommait Luther; c'était un grand épagneul blanc, moucheté de roux, bien coiffé
d'oreilles brunes, chien d'arrêt perdu, qui,
après avoir longtemps cherché ses maîtres,
s'était acclimaté chez nos parents demeu-
rant alors à Passy. Faute de perdrix, il s'é-
tait adonné à la chasse aux rats, où il réus-
sissait comme un terrier d'Ecosse. Nous
habitions alors une chambrette dans cette
impasse du Doyenné, disparue aujourd'hui,
où Gérard de Nerval, Arsène Houssaye et
Camille Rogier formaient le centre d'une
petite bohème pittoresque et littéraire dont
la vie excentrique a été trop bien contée
ailleurs pour qu'il soit besoin d'y revenir.
On était là, en plein Carrousel, aussi libres,
aussi solitaires que dans une île déserte de
l'Océanie, à l'ombre du Louvre, parmi les
blocs de pierre et les orties, près d'une
vieille église en ruine, dont la voûte effon-
drée prenait au clair de lune un aspect
romantique. Luther, avec qui nous avions
les relations les plus amicales, nous voyant

définitivement sorti du nid paternel, s'était tracé le devoir de venir nous visiter chaque matin. Il partait de Passy, quelque temps qu'il fît; il suivait le quai de Billy, le Cours-la-Reine, et arrivait vers les huit heures, au moment de notre réveil. Il grattait à la porte, on lui ouvrait, il se précipitait vers nous avec un jappement joyeux, posait les pattes sur nos genoux, recevait les caresses que sa belle conduite méritait, d'un air modeste et simple, faisait le tour de la chambre comme s'il passait son inspection, puis il repartait. De retour à Passy, il se présentait devant notre mère, frétillait de la queue, poussait quelques petits abois, et disait aussi clairement que s'il eût parlé : « J'ai vu le jeune maître, soit tranquille, il va bien. » Ayant ainsi rendu compte à qui de droit de la mission qu'il s'était imposée, il lapait la moitié d'un bol d'eau, mangeait sa pâtée et s'allongeait sur le tapis près du fauteuil de maman, pour laquelle il avait une affection particulière, et par

une heure ou deux de sommeil se reposait
de la longue course qu'il venait de faire.
Ceux qui disent que les bêtes ne pensent
pas et sont incapables d'enchaîner deux
idées, comment expliqueront-ils cette visite
matinale qui maintenait les relations de la
famille et donnait au nid des nouvelles de
l'oiseau récemment échappé?

Le pauvre Luther finit malheureusement;
il devint taciturne, morose, et un beau matin il se sauva de la maison : se sentant
atteint de la rage et ne voulant pas mordre
ses maîtres, il prit la fuite; et tout nous
porte à croire qu'il fut abattu comme hydro-
phobe, car on ne le revit jamais.

Après un interrègne assez considérable,
un nouveau chien fut installé à la maison;
il s'appelait Zamore ; c'était une espèce
d'épagneul, de race fort mêlée, de petite
taille, noir de pelage, excepté quelques taches couleur feu au-dessus des sourcils, et
quelques tons fauves sous le ventre. En
somme : physique insignifiant, et plutôt

laid que beau. Mais au moral, c'était un
chien singulier. Il avait pour les femmes le
dédain le plus absolu, ne leur obéissait pas,
refusait de les suivre, et jamais ni notre
mère ni nos sœurs ne parvinrent à en obtenir le moindre signe d'amitié ou de défé-
rence; il acceptait d'un air digne les soins
et les bons morceaux, mais ne remerciait
pas. Pour elles, aucun jappement, aucun tam-
bourinage de queue sur le parquet, aucune
de ces caresses dont les chiens sont prodigues. Impassible, il restait accroupi dans
une pose de sphinx, comme un personnage
grave qui ne veut pas se mêler à des conversations d'êtres frivoles. Le maître qu'il
s'était choisi était notre père, chez qui il
reconnaissait l'autorité de chef de famille,
d'homme mûr et sérieux. Mais c'était une
tendresse austère et stoïque, qui ne se tra-
duisait pas par des folâtreries, des badina-
ges et des coups de langue. Seulement il
avait toujours les yeux fixés sur son maître, tournait la tête à tous ses mouvements,

et le suivait partout le nez au talon, sans
se permettre la moindre escapade, le moindre salut aux camarades qui passaient. Notre cher et regretté père était un grand pêcheur devant le Seigneur, et il prit plus de
barbillons que Nemrod n'attrapa d'antilo-
pes. Avec lui on ne pouvait dire, certes, que
la ligne était un instrument commençant
par un asticot et finissant par un imbécile,
car il avait beaucoup d'esprit, ce qui ne
l'empêchait pas de remplir chaque jour son
panier de poisson. Zamore l'accompagnait à
la pêche, et, pendant les longues séances
nocturnes qu'exige la capture des pièces
d'importance qui ne mordent qu'à la ligne
de fond, il se tenait au bord extrême de
l'eau, dont il semblait vouloir sonder la
noire profondeur pour y suivre la proie.
Quoique souvent il dressât l'oreille à ces
mille bruits vagues et lointains qui, la nuit,
se dégagent du silence le plus profond, il
n'aboyait pas, ayant compris que le mutisme
est la qualité indispensable d'un chien de

pêcheur. Phœbé avait beau lever à l'horizon son front d'albâtre réfléchi par le miroir sombre de la rivière, Zamore ne hurlait pas à la lune; et cependant ces ululations prolongées sont un grand plaisir pour les animaux de son espèce. Seulement, quand le grelot de la ligne tintait, il regardait son maître et se permettait un court aboi, sachant que la proie était prise, et il paraissait s'intéresser beaucoup aux manœuvres nécessaires pour amener sur le bord un barbillon de trois ou quatre livres.

Qui se serait douté que sous cet extérieur calme, détaché, philosophique, dédaigneux de toute frivolité, couvait une passion impérieuse et bizarre, insoupçonnable, et formant le plus complet écart avec le caractère apparent, physique et moral, et cette bête si sérieuse qu'elle en était presque triste?

Eh quoi! allez vous dire que cet honnête Zamore avait des vices cachés : il était voleur? — Non. — Libertin? — Non. — Il

aimait les cerises à l'eau-de-vie ? — Non.
— Il mordait ? — Nullement. Zamore avait
la passion de la danse ! C'était un artiste
éperdu de chorégraphie.

Sa vocation lui fut révélée de la façon
suivante : un jour parut sur la place de
Passy un âne grisâtre, à l'échine pelée, aux
oreilles énervées, une de ces malheureuses
bourriques de saltimbanque, que Decamps
et Fouquet savaient si bien peindre ; deux
paniers en équilibre sur le chapelet écor-
ché de son échine, contenaient une troupe
de chiens savants déguisés en marquis, en
troubadours, en Turcs, en bergères des
Alpes ou en reines de Golconde, selon le sexe.
L'impresario mit les chiens par terre, fit
claquer son fouet et tous les acteurs quittè-
rent subitement la ligne horizontale pour la
ligne perpendiculaire, se transformant de
quadrupèdes en bipèdes. Le fifre et le tambourin se mirent à jouer, et le ballet commença.

Zamore, qui flânait gravement par là,

s'arrêta émerveillé du spectacle. Ces chiens habillés de couleurs voyantes, galonnés de clinquants sur toutes les coutures, un chapeau à plumet ou un turban sur la tête, se mouvant en cadence sur des rythmes entraînants avec une vague apparence de personnes humaines, lui semblaient des êtres surnaturels ; ces pas si bien enchaînés, ces glissements, ces pirouettes, le ravirent mais ne le découragèrent pas. Comme Corrège à la vue d'un tableau de Raphaël, il s'écria en son langage canin : « Et moi aussi je suis peintre, *anch'io son pittore !* » et, saisi d'une noble émulation, quand la troupe passa devant lui formant la queue-du-loup, il se dressa en titubant un peu, sur ses pattes de derrière, et voulut s'y joindre, au grand divertissement de l'assemblée.

L'impresario prit assez mal la chose, détacha un grand coup de fouet sur les reins de Zamore, qui fut chassé du cercle, comme on mettrait à la porte du théâtre un spectateur qui, pendant la représentation, s'avise-

23.

rait de monter sur la scène et de se mêler au ballet.

Cette humiliation publique ne découragea pas la vocation de Zamore ; il rentra la queue basse et l'air rêveur, à la maison. Toute la journée, il fut plus concentré, plus taciturne, plus morose. Mais la nuit, nos sœurs furent réveillées par un petit bruit d'une nature inexplicable qui venait d'une chambre voisine de la leur, qu'on n'habitait pas, et où couchait ordinairement Zamore sur un vieux fauteuil. Cela ressemblait à un trépignement rythmique que le silence de la nuit rendait plus sonore. On crut d'abord à un bal de souris, mais le bruit des pas et des sauts sur le parquet était bien fort pour la gent trotte-menu. La plus brave de nos sœurs se leva, entr'ouvrit la porte, et que vit-elle à la faveur d'un rayon de lune plongeant par le carreau ? Zamore debout, ramant dans l'air avec ses pattes de devant et travaillant comme à la classe de danse, les pas qu'il avait admirés le matin dans la rue. Monsieur étudiait !

Ce ne fut pas là, comme on pourrait le croire, une impression fugitive, une fantaisie passagère. Zamore persista dans ses idées chorégraphiques et devint un beau danseur. Toutes les fois qu'il entendait le fifre et le tambourin, il courait sur la place, se glissait entre les jambes des spectateurs, et observait avec une attention profonde les chiens savants exécutant leurs exercices ; mais, gardant le souvenir du coup de fouet, il ne se mêlait plus à leurs danses ; il notait leurs pas, leurs poses et leurs grâces, et il les travaillait, la nuit, dans le silence du cabinet, sans jamais se départir, le jour, de son austérité d'attitude. Bientôt il ne lui suffit plus de copier, il inventa, il composa ; et nous devons dire que, dans le genre noble, peu de chiens le surpassèrent. Nous allions souvent le voir par la porte entre-bâillée ; il mettait un tel feu à ses exercices, qu'il lapait, chaque nuit, la jatte d'eau posée au coin de la chambre.

Quand il se crut sûr de lui et l'égal des

plus forts danseurs quadrupèdes, il sentit
le besoin d'ôter le boisseau de dessus la
lumière et de faire connaître le mystère de
son talent. La cour de la maison était fermée,
d'un côté, par une grille assez large pour
permettre à des chiens d'embonpoint médio-
cre de s'y introduire aisénent. Un matin,
quinze ou vingt chiens de ses amis, fins
connaisseurs sans doute, à qui Zamore avait
envoyé des lettres d'invitation pour son début
dans l'art chorégraphique, se trouvèrent
réunis autour d'un carré de terrain bien uni,
que l'artiste avait préalablement balayé avec
sa queue ; et la représentation commença.
Les chiens parurent charmés et manifestèrent
leur enthousiasme par des : *Ouah ! ouah !*
ressemblant fort aux bravos des dilettantes
de l'Opéra. Sauf un vieux barbet assez
crotté, et de piteuse mine, un critique sans
doute, qui aboya quelque chose sur l'oubli
des saines traditions, tous proclamèrent que
Zamore était le Vestris des chiens et le *diou*
de la danse. Notre artiste avait exécuté un

menuet, un pas de gigue et une valse à deux temps. Bien des spectateurs bipèdes s'étaient joints aux spectateurs à quatre pattes, et Zamore eut l'honneur d'être applaudi par des mains humaines.

La danse était si bien passée dans ses habitudes, que, quand il faisait la cour à quelque belle, il se tenait debout, faisant des révérences, et les pieds en dehors, comme un marquis de l'ancien régime ; il ne lui manquait que le claque fourré de plumes sous le bras.

Hors de là, il était atrabilaire comme un acteur comique et ne se mêlait pas au mouvement de la maison. Il ne se bougeait que lorsqu'il voyait son maître prendre sa canne et son chapeau. Zamore mourut d'une fièvre cérébrale, causée, sans doute, par la surexcitation du travail qu'il s'était donné pour apprendre la scotisch, alors dans toute sa vogue. Sous sa tombe Zamore peut dire, comme la danseuse grecque dans son épitaphe : « O terre, sois-moi légère, j'ai si peu pesé sur toi. »

Comment, avec des talents si distingués, Zamore ne fut-il pas engagé dans la troupe de M. Corvi ? Nous étions déjà un critique assez influent pour lui négocier cette affaire. Mais Zamore ne voulait pas quitter son maître, et il sacrifia son amour-propre à son affection, dévouement qu'il ne faut pas chercher chez les hommes.

Le danseur fut remplacé par un chanteur nommé Kobold, king-Charles de la plus pure race, venant du célèbre chenil de lord Lauder. Rien de plus chimérique que cette petite bête, à l'énorme front bombé, aux gros yeux saillants, au museau cassé à sa racine, aux longues oreilles traînant jusqu'à terre. Transporté en France, Kobold, qui ne savait que l'anglais, parut comme hébété. Il ne comprenait pas les ordres qu'on lui donnait ; dressé avec les *go on* et les *come here*, il restait immobile aux *viens* et *va-t'en* français : il lui fallut un an pour apprendre la langue du nouveau pays où il se trouvait et pouvoir prendre part à la conversation. Kobold était très sensible à la musique et chantait lui-même de petites chansons avec un fort accent anglais. On lui donnait le *la* au piano, et il prenait le ton juste et modulé avec un soupir flûté des phrases vraiment musicales et n'ayant aucun rapport avec l'aboi ou le jappement. Quand on voulait le faire recommencer, il suffisait de lui dire : « *Sing a little more* », et il reprenait sa cadence. Nourri le plus délicatement du monde, avec tout le soin qu'on devait naturellement prendre d'un ténor et d'un gentleman de cette distinction, Kobold avait un goût bizarre : il mangeait de la terre comme un sauvage de l'Amérique du Sud; on ne put lui faire perdre cette habitude qui lui causa une obstruction dont il mourut. Il avait le goût des grooms, des chevaux, de l'écurie, et nos poneys n'eurent pas de camarade plus assidu que lui. Il passait son temps entre la box et le piano.

De Kobold, le king-Charles, on passe à Myrza, petite bichonne de la Havane, qui

eut l'honneur d'appartenir quelque temps à
la Giulia Grisi qui nous la donna. Elle est
blanche comme la neige, surtout quand elle
sort de son bain et n'a pas encore eu le
temps de se rouler dans la poussière, manie
que certains chiens partagent avec les oiseaux
pulvérisateurs. C'est une bête d'une extrême
douceur, très caressante, et qui n'a pas
plus de fiel qu'une colombe; rien de plus
drôle que sa mine ébouriffée et son masque
composé de deux yeux pareils à des petits
clous de fauteuil et son petit nez qu'on prendrait pour une truffe du Piémont. Des mèches, frisées comme les peaux d'Astrakan,
voltigent sur ce museau avec des hasards
pittoresques, lui bouchant tantôt un œil, tantôt l'autre, ce qui lui donne la physionomie
la plus hétéroclite du monde en la faisant
loucher comme un caméléon.

Chez Myrza, la nature imite l'artificiel
avec une telle perfection que la petite bête
semble sortir de la devanture d'un marchand
de joujoux. A la voir avec son ruban bleu

et son grelot d'argent, son poil régulièrement frisé, on dirait un chien de carton, et,
quand elle aboie, on cherche si elle n'a pas
un soufflet sous les pattes.

Myrza, qui passe les trois quarts de son
temps à dormir, dont, si on l'empaillait, la
vie ne serait pas changée, et qui ne semble
pas très spirituelle dans le commerce ordinaire, a cependant donné un jour une preuve
d'intelligence telle, que nous n'en connais-
sons pas d'autre exemple. Bonnegrâce, l'auteur des portraits de Tchoumakoff et de
M. E. H..., si remarqués aux expositions,
nous avait apporté, pour en avoir notre avis,
un de ces portraits peints à la manière de
Pagnest, dont la couleur est si vraie et le
relief si puissant. Quoique nous ayons vécu
dans la plus profonde intimité avec les bêtes
et que nous puissions citer cent traits ingé-
nieux, rationnels, philosophiques, de chats,
de chiens, d'oiseaux, nous devons avouer
que le sens de l'art manque totalement aux
animaux. Nous n'en avons jamais vu aucun

s'apercevoir d'un tableau, et l'anecdote sur les oiseaux becquetant les raisins peints par Zeuxis nous paraissait controuvée. Ce qui distingue l'homme de la brute, c'est précisément le sens de l'art et de l'ornement. Aucun chien ne regarde une peinture et ne se met de boucles d'oreilles. Eh bien Myrza, à la vue du portrait dressé contre le mur par Bonnegrâce, s'élança du tabouret sur lequel elle était roulée en boule, s'approcha de la toile et se mit à aboyer avec fureur, essayant de mordre cet inconnu qui s'était ainsi introduit dans la chambre. Sa surprise parut extrême lorsqu'elle fut forcée de reconnaître qu'elle avait affaire à une surface plane, que ses dents ne pouvaient saisir, et que ce n'était là qu'une trompeuse apparence. Elle flaira la peinture, essaya de passer derrière le cadre, nous regarda tous deux avec une interrogation étonnée et retourna à sa place, où elle se rendormit dédaigneusement, ne s'occupant plus de ce monsieur peint. Les traits de Myrza ne

seront pas perdus pour la postérité : il
existe d'elle-même un beau portrait de
M. Victor Madarasz, artiste hongrois.

Terminons par l'histoire de Dash. Un jour,
un marchand de verres cassés passa devant
notre porte, demandant des morceaux de
vitre et des tessons de bouteille. Il avait
dans sa voiture un jeune chien de trois ou
quatre mois, qu'on l'avait chargé d'aller
noyer, ce qui faisait de la peine à ce brave
homme, que l'animal regardait d'un air tendre et suppliant comme s'il eût compris de
quoi il s'agissait. La cause de l'arrêt sévère
porté contre la pauvre bête était qu'il avait
une patte de devant brisée. Une pitié s'émut
dans notre cœur, et nous prîmes le con-
damné à mort. Un vétérinaire fut appelé.
On entoura la patte de Dash d'attelles et de
bandes ; mais il fut impossible de l'empêcher
de ronger l'appareil, et il ne guérit pas : sa
patte, dont les os ne s'étaient pas rejoints,
resta flottante comme une manche d'amputé
dont le bras est absent ; mais cette infirmité

n'empêcha pas Dash d'être gai, alerte et vivace. Il courait encore assez vite sur ses trois bons membres.

C'était un pur chien des rues, un roquet *grediné* dont Buffon lui-même eût été fort embarrassé de démêler la race. Il était laid, mais avec une physionomie grimacière, étincelante d'esprit. Il semblait comprendre ce qu'on lui disait, changeant d'expression selon que les mots qu'on lui adressait, sur le même ton, étaient injurieux ou flatteurs. Il roulait les yeux, retroussait les babines, se livrait à des tics nerveux désordonnés, ou riait en montrant ses dents blanches, et il arrivait ainsi à de hauts effets comiques dont il avait conscience. Souvent il essayait de parler. La patte posée sur notre genou, il fixait sur nous son regard intense et commençait une série de murmures, de soupirs, de grognements, d'intonations si variées qu'il était difficile de n'y pas voir un langage. Quelquefois, à travers cette conversation, Dash lançait un jappement, un éclat de voix ; —

alors nous lui jetions un coup d'œil sévère
et nous lui disions : « Cela c'est aboyer, ce
n'est pas parler ; est-ce que par hasard vous
seriez un animal ? » Dash, humilié de cette
insinuation, reprenait ses vocalises, auxquelles il donnait l'expression la plus pathé-
tique. On disait alors que Dash racontait ses
malheurs. Dash raffolait du sucre. Au dessert, il paraissait à l'instant du café, réclamant de chaque convive un morceau avec
une insistance toujours couronnée de succès.
Il avait fini par transformer ce don béné-
vole en impôt régulier qu'il prélevait rigoureusement. Ce roquet, dans un corps de
Thersite, avait une âme d'Achille. Infirme
comme il l'était, il attaquait, avec la folie
du courage héroïque, des chiens dix fois gros
comme lui et se faisait affreusement rouler. Comme Don Quichotte, le brave cheva-
lier de la Manche, il avait des sorties triom-
phantes et des rentrées piteuses. Hélas! il
devait être victime de son courage. Il y a
quelques mois on le rapporta, les reins cas-

sis par un terre-neuve, aimable bête, qui
le lende nain brisa l'échine à une levrette.
La mort de Dash fut suivie de toute sorte
de catastrophes; la maîtresse de la maison
où il avait reçu le coup qui termina son
existence fut, quelques jours après, brûlée
vive dans son lit, et son mari eut le même
sort en voulant la sauver. C'était coïnci-
dence fatale et non expiation, car c'étaient
les meilleures gens du monde, aimant les
animaux comme des Brahmes et purs du
trépas malheureux de notre pauvre Dash.

Nous avons bien un autre chien qui s'appelle Néro. Mais il est trop récent encore
pour avoir une histoire.

Dans le prochain chapitre nous ferons la
chronique des caméléons, des lézards, des
pies et autres bestioles qui ont vécu dans
notre ménagerie intime.

N. B. Hélas! Néro est mort empoisonné tout récemment comme s'il avait soupé chez les Borgia;
et l'épitaphe s'inscrit au premier chapitre de la
vie.

V

CAMÉLÉONS, LÉZARDS ET PIES

Nous étions à Puerto de Sancta-Maria, dans la baie de Cadix, un petit village qui semble taillé dans des pains de blanc d'Espagne, entre l'indigo de la mer et le lapis-lazuli du ciel. Il était midi, et ce jour-là il faisait si chaud que le soleil paraissait s'amuser à verser des cuillerées de plomb fondu sur la tête des voyageurs, comme la garnison d'une forteresse· de l'huile bouillante et de la poix par les baies des moucharabys sur les casques des assiégeants. Ce petit port si pittoresque est illustré par la chanson célèbre en patois andalou de Murillo Bravo, *Los Toros de Puerto*, où le batelier galant dit à la senora qui s'embarque : « *Lleve V^d la patita* », et nous en fredonnions le refrain d'une voix aussi fausse en espagnol

qu'en français, tout en suivant la ligne
bleue, étroite comme une lisière de drap,
que l'ombre tirait au pied des murs, Il y
avait marché, et c'était sur la place un
étalage de denrées exotiques et violentes
d'une furie de couleurs à ravir Ziem. Des
guirlandes de piments écarlates se balan-
çaient au-dessus de pastèques d'un vert pra-
sin, dont quelques-unes éventrées laissaient
voir leur pulpe rose tigrée de points noirs
comme un coquillage de la mer du Sud.
Des grappes de raisin à gros grains d'ambre, rappelant les chapelets turcs pour la
blonde transparence, contrastaient avec des
raisins bleus, ou couleur d'améthyste à
reflets de pourpre. Les garbanzos arrondis-
saient dans les *couffas* de sparterie leurs
globules d'or pâle, et les grenades, crevant
leur écorce, montraient leur écrin de rubis.
Les marchandes avec leurs fichus rouges
ou jonquille, leur jupe de soie noire, les
pieds nus dans des chaussons de satin, —
et quels pieds ! grands à peine comme des

biscuits à la cuiller! — leur éventail de
papier contre l'oreille, en guise de parasol,
se tenaient fièrement campées près de leurs
légumes, babillant avec la gracieuse volu-
bilité andalouse. Des *majos* passaient, appuyés
sur la fourchette de leurs bâtons blancs, la
veste à l'épaule, la *faja* de soie, venant de
Gibraltar, sanglée sur le gilet, depuis les
hanches jusqu'à l'aisselle, la culotte de tricot
ouverte au genou, et les bottes en cuir de
Ronda déboutonnées de la cheville au jarret,
ce qui est le suprême du genre, lançant des
œillades et serrant entre leur pouce et leur
index leurs cigarettes de papel de Alcoy.
C'était un de ces effets d'aveuglante lumière
méridionale qui ferait taxer de fausseté le
peintre qui les rendrait dans leur vérité
crue.

Contre cette averse de feu nous allâmes
chercher refuge dans le *patio* de l'auberge
de *Los tres Reyes moros :* un patio, comme
on sait, est une cour intérieure, entourée
d'arcades, rappelant tout à fait, pour la

disposition, l'impluvium antique. On la
couvre, à hauteur du toit, d'un *velarium*,
nommé tendido, fait d'une toile rayée de
couleurs vives et qu'on arrose pour plus de
fraîcheur. Au milieu du patio, dans une
vasque de marbre, grésille le mince filet
d'un jet d'eau retombant en pluie fine sur
des caisses de myrthes, de grenadiers, de
lauriers-roses, rangées autour du bassin.
Sous les arcades sont disséminés des canapés
de crin, des chaises de jonc ; des guitares,
accrochées au mur, font briller dans l'ombre
leur ventre luisant, illuminé de quelque
vague reflet, près du disque tanné des
panderos.

On retrouve ces patios dans les maisons
moresques de l'Algérie, et rien ne saurait
être mieux imaginé contre la chaleur. L'u-
sage en vint des Arabes aux Espagnols, et
dans beaucoup de logis on voit encore aux
chapiteaux des colonnettes des versets du
Coran, glorifiant Allah ou quelque calife
dès longtemps rejeté en Afrique.

Après avoir vidé une alcarraza d'eau fraîche, nous nous retirâmes, pour faire un bout de sieste, dans une des chambres qui s'ouvrent sur le patio. Avant de se fermer, nos yeux erraient au plafond de cette salle basse, lequel, comme tous les plafonds espagnols, était blanchi à la chaux, et orné à son centre d'une rosace composée de quartiers rouges, noirs et jaunes, comme les côtes d'une balle. Du milieu de cette rosace pendait une ficelle ou un cordon, sans doute l'attache d'une lampe, mais le long de cette ficelle se mouvait constamment un objet que nous avions de la peine à définir. Nous ajustâmes notre lorgnon sous notre arcade sourcilière, et nous vîmes que ce qui montait avec tant de peine, après le cordon du plafond, était une espèce de lézard d'un jaune grisâtre et d'une configuration assez monstrueuses, rappelant en petit les formes des grands sauriens disparus de l'époque antédiluvienne.

La fille d'auberge consultée, Pepa, Lola,

Casilda, — nous ne savons plus le nom
bien au juste, mais soyez sûr que la fille
était charmante, — nous dit que c'était
« un caméléon ».

Lola, prenant en pitié notre ignorance et
voulant mettre en relief son savoir zoologi-
que, nous dit d'un petit air capable : « Ces
bêtes changent de couleur selon l'endroit où
elles se trouvent, et elles vivent d'air (*se
mantienen de ayre*) ».

Pendant ce court entretien, les caméléons
(il y en avait deux) continuaient leur ascen-
sion le long de la ficelle. On ne saurait rien
imaginer de plus comique. Le caméléon,
il faut l'avouer, n'est pas beau ; et quoique
la nature, dit-on, fasse bien tout ce qu'elle
fait, en s'appliquant un peu, il nous semble
qu'elle eût aisément pu produire un animal
plus joli. Mais, comme tous les grands
artistes, la nature a ses fantaisies, et elle
s'amuse parfois à modeler des grotesques.
Les yeux du caméléon, presque entièrement
sortis de la tête comme ceux du crapaud,

sont ajustés dans des espèces de capsules extérieures et jouissent d'une complète indépendance de mouvement. L'un regarde à gauche, tandis que l'autre regarde à droite ; une prunelle se dirige vers le plafond, l'autre vers le plancher, avec une variété de strabismes qui donnent à l'animal les physionomies les plus étranges. Une poche en manière de goitre s'étend sous la mâchoire et prête à la pauvre bête un air de satisfaction orgueilleuse et de rengorgement stupide dont elle est bien innocente. Ses pattes, gauchement coudées, font des saillies anguleuses au-dessus de la ligne dorsale et se meuvent avec des efforts disgracieux et détraqués.

Un des caméléons était arrivé tout au haut de la corde, au centre de la rosace, et tâtait le plafond d'une de ses pattes de devant, pour voir s'il offrait quelque possibilité d'adhérence et partant quelque moyen de fuite.

En faisant cet essai, recommencé pour la centième fois peut-être, il louchait d'une façon désespérée et touchante, demandait aide à la terre et au ciel ; puis, voyant qu'il n'y avait nulle issue de ce côté, il se mit à descendre d'un air triste, piteux, résigné, emblème du travail inutile, Sysiphe de la fatigue perdue ; à mi-chemin, les deux bêtes se rencontrèrent, se lancèrent des œillades amicales peut-être, mais effroyables par leur divergence, et ce fut pendant quelques minutes une sorte de nodosité hideuse sur la ligne perpendiculaire de la ficelle.

Le groupe se débrouilla après les contorsions les plus bouffonnes, et chaque caméléon continua sa route ; celui qui descendait, parvenu au bout de son fil de suspension, allongea une patte de derrière, sondant le vide avec précaution, et, ne trouvant aucun point d'appui, la ramena d'un mouvement découragé, dont il faut renoncer à peindre la navrante et burlesque mélancolie. Par un de ces rapprochements d'idées dont la liaison n'est pas apparente, mais que l'esprit conçoit sans l'exprimer, ces caméléons nous firent songer à une des plus sinistres aqua-tintes de Goya, représentant des spectres essayant de soulever avec leurs faibles bras d'ombre de lourdes pierres tombales qui se referment sur eux en les écrasant. — Lutte sans proportion de la faiblesse contre la destinée.

Pour délivrer ces pauvres animaux de leur supplice nous les achetâmes un *duro* pièce; et commodément installés dans une cage assez vaste, ils furent dispensés désormais de ces exercices acrobatiques qui semblaient leur déplaire beaucoup. Quant à la question de leur nourriture, quelque confiance que nous ayons dans la frugalité méridionale, ces repas d'air nous paraissaient à juste titre insuffisants. Si un amoureux espagnol déjeune d'un verre d'eau, dîne d'une cigarette et soupe d'un air de mandoline, comme le valeureux Don Sanche, les caméléons n'ont pas de ces délicatesses, et ils mangent des mouches qu'ils attra-

pent d'une façon singulière, en dardant du
fond de leur gorge une longue lance, couverte d'une bave visqueuse, qui colle les
ailes de l'insecte et en se retirant le ra-
mène dans le gosier.

Les caméléons changent-ils véritablement
de couleur selon le milieu où ils se trouvent ? Non pas, dans le sens absolu du mot ;
mais leur peau semée de grains à facettes
boit plus facilement les reflets des couleurs
environnantes qu'un autre corps. Placés
près d'un objet jaune, rouge ou vert, les
caméléons semblent se pénétrer de cette
teinte, mais ce n'est après tout qu'un effet
de réfraction ; un métal poli se colorerait
de même. Il n'y a pas imbibition réelle. En
son état naturel le caméléon est d'un gris
jaunâtre ou verdâtre. Cependant, on peut
dire, quand on a un peu l'amour du merveilleux, qu'il change de nuance à volonté ;
ce qui en fait un emblème de versatilité poli-
tique, quoique nous osions prendre sur nous
de dire qu'après de minutieuses observa-

tions, longtemps prolongées, le caméléon nous ait paru d'une complète indifférence en matière de gouvernement.

Nous voulions ramener nos caméléons en France ; mais la saison s'avançait, et à mesure que nous remontions du midi vers le nord, en suivant cette côte, pourtant bien chauffée encore aux rayons du soleil, qui s'étend de Tarifa à Port-Vendres, en passant par Gibraltar, Malaga, Alicante, Almeria, Valence, Barcelone, les pauvres bêtes dépérissaient à vue d'œil. Leurs yeux, détachés par la maigreur, leur jaillissaient de plus en plus de la tête. Ils louchaient chaque jour davantage, et sous leur peau vague et flasque leur petit squelette se dessinait de station en station, plus visible. C'était vraiment un spectacle attendrissant que ces lézards poitrinaires, se traînant d'un air macabre et n'ayant plus la force d'allonger leur langue gluante vers les mouches que nous allions leur chercher à la cuisine du navire. Ils moururent à

25.

quelques jours l'un de l'autre; et la bleue
Méditerranée fut leur tombeau.

Des caméléons aux lézards, la transition
est facile. Notre plus jeune fille reçut en
cadeau un lézard pris à Fontainebleau, qui
s'attacha fort à elle. Jacques était du plus
beau vert Véronèse qu'on puisse imaginer;
il avait l'œil vif, les écailles imbriquées
avec une régularité parfaite, et des mouvements d'une agilité sans pareille. Jamais il
ne quittait sa maîtresse et il se tenait habituellement caché dans une torsade de cheveux
près de son peigne. Niché ainsi, il allait avec
elle au spectacle, à la promenade, en soirée,
ne trahissant jamais sa présence. Seulement
quand la jeune fille jouait du piano il quittait son poste, lui descendait sur les épaules,
s'avançait le long des bras, plutôt vers la
main droite qui fait le chant que vers la
main gauche qui fait l'accompagnement,
témoignant ainsi de sa préférence pour la
mélodie au détriment de l'harmonie.

Jacques habitait une boîte de verre garnie de mousse, qui avait autrefois contenu des cigares russes de la maison Eliseïeph. Le mur de sa vie privée était donc bien transparent. Sa nourriture consistait en gouttes de lait qu'il venait lécher au bout du doigt de sa maîtresse. Il se laissa mourir de faim et de chagrin, pendant une absence de la jeune fille, qui n'avait osé l'emporter en voyage, vu la rigueur de la saison.

Le moineau Babylas ne fit que passer. Un coup de griffe sous l'aile termina son destin, et il eut pour cercueil une boîte à domino.

Reste à décrire Margot la pie, commère spirituelle et bavarde, digne de manger du fromage blanc dans une cage d'osier, à la fenêtre d'un concierge. Nous eûmes beau lui donner des répétiteurs pour les langues mortes, on ne put jamais lui faire prononcer correctement le bonjour latin des pies pompéiennes. Elle ne disait pas *Ave*, mais elle disait autre chose. C'était un oiseau facé-

tieux et bouffon qui jouait à cache-cache
avec les enfants, dansait la pyrrhique, attaquait résolument les chats, et courait après
eux pour leur pincer la queue par derrière,
malice dont elle semblait rire aux éclats.
Elle était voleuse comme la *Gazza ladra* elle-
même, et capable de faire pendre dix ser-
vantes de Palaiseau sur de faux soupçons.
En un clin d'œil elle dévalisait une table de
fourchettes, de cuillères, de couteaux. Elle
prenait l'argent, les ciseaux, les dés, tout ce
qui brillait, et partant d'un vol brusque,
elle portait cela à sa cachette. Comme on
connaissait l'endroit où elle allait déposer
ses vols, on la laissait faire ; mais un jour
elle fut tuée par des domestiques d'une maison voisine, qui l'accusèrent d'avoir volé
« une paire de draps toute neuve. » — Cela
ressemblait un peu au petit chat du *Moyen
de parvenir*, qui avait mangé les quatre
livres de beurre, et qui pesait trois quarte-
rons. Les maîtres n'en crurent pas un mot
et mirent ces drôles à la porte ; mais dame,

Margot n'en eut pas moins le col tordu. Elle fut regrettée de tout le voisinage, qu'elle égayait de sa bonne humeur et de ses lazzis.

———

VI

CHEVAUX

En voyant ce titre, qu'on ne se hâte pas de nous accuser de dandysme. Chevaux ! ce mot sonne bien glorieusement sous la plume d'un littérateur. *Musa pedestris*, la Muse va à pied, dit Horace ; et tout le Parnasse n'a qu'un cheval dans son écurie — Pégase ! encore est-ce un quadrupède qui a des ailes et n'est pas du tout commode à atteler s'il faut en croire la ballade de Schiller. Nous ne sommes pas un sportsman, hélas ! et nous le regrettons fort, car nous aimons les chevaux comme si nous avions cinq cent mille livres de rente, et nous partageons l'avis des Arabes sur les piétons. Le cheval est le piédestal naturel de l'homme ; et l'être complet est le centaure, si ingénieusement inventé par la mythologie.

Cependant, quoique nous ne soyons qu'un
simple lettré, nous avons eu des chevaux.
Vers 1843 ou 1844, il se rencontra dans le
sable du journalisme, passé à l'écuelle de
bois du feuilleton, assez de paillettes d'or
pour espérer pouvoir nourrir, en dehors des
chats, des chiens et des pies, deux autres
bêtes un peu plus grosses. Nous eûmes
d'abord deux ponies du Shetland, grands
comme des chiens, velus comme des ours,
qui n'étaient que crinière et queue, et vous
regardaient si amicalement, à travers leurs
longues mèches noires, qu'on avait plutôt
envie de les faire entrer au salon que de les
envoyer à l'écurie. Ils venaient prendre le
sucre dans les poches comme des chevaux
savants. Mais ils étaient décidément trop
petits. Ils eussent pu servir de chevaux de
selle à des babies anglais de huit ans, ou de
carrossiers à Tom Pouce ; mais déjà nous
jouissions de cette structure athlétique et
capitonnée d'assez d'embonpoint qui nous
caractérise et nous a permis de supporter,

sans trop ployer sous le faix, quarante ans
de copie consécutive; et la différence entre
le maître et les bêtes était vraiment trop
grande à l'œil, quoique les ponies noirs en-
levassent d'un trot fort allègre le léger
phaéton auquel les attachaient des harnais
mignons, en cuir fauve, qui semblaient ache-
tés chez le marchand de joujoux.

Il n'y avait pas alors autant de journaux
à illustrations comiques qu'aujourd'hui,
mais il en existait cependant assez pour
faire notre caricature et celle de notre attelage ; il est bien entendu qu'avec l'exagération permise à la charge on nous prêtait des
formes d'éléphant comme à Ganesa, le dieu
indien de la sagesse, et qu'on réduisait nos
ponies à l'état de toutous, de rats et de souris. Il est vrai que sans trop d'effort nous
eussions pu porter nos petites bêtes, une
sous chaque bras, et notre voiture sur le
dos. Un moment nous pensâmes à en atteler
quatre ; mais ce *four in hand* lilliputien eût
attiré encore davantage l'attention. Nous

les remplaçâmes donc, à notre grand regret, car nous les avions déjà pris en amitié, par deux ponies gris pommelé, d'une taille plus forte, à cou robuste, à large poitrail, d'encolure ramassée, bien loin sans doute d'être des mecklembourgeois, mais plus visiblement capables de nous traîner. C'étaient deux juments : l'une s'appelait Jane et l'autre Betsy. En apparence, elles se ressemblaient comme deux gouttes d'eau, et jamais attelage ne fut mieux appareillé pour les yeux; mais autant Jane avait de courage autant Betsy était paresseuse. Tandis que l'une tirait à plein collier, l'autre se contentait d'accompagner, se ménageant et ne se donnant aucun mal. Ces deux bêtes, de même race, de même âge, destinées à vivre box à box, avaient l'une contre l'autre la plus vive antipathie. Elles ne pouvaient se souffrir, se battaient à l'écurie et se mordaient en se cabrant dans leurs traits. On ne put les réconcilier. C'était dommage, car avec leur crinière droite et coupée en

6

brosse comme celle des chevaux du Parthénon, leurs narines frémissantes, et leurs
yeux dilatés de colère, elles avaient, en
descendant et en montant les Champs-Ély-
sées, une mine assez triomphante. Il fallut
chercher une remplaçante à Betsy, et l'on
amena une petite jument d'une robe un
peu plus claire, car on n'avait pas pu assor-
tir la nuance absolument juste. Jane agréa
tout de suite la nouvelle venue et parut
charmée de cette compagne, à laquelle elle
fit les honneurs de l'écurie avec beaucoup
de grâce. La plus tendre amitié ne tarda
pas à s'établir entre elles. Jane posait la
tète sur le col de la Blanche — qu'on avait
surnommée ainsi parce que le gris de son
poil tirait sur le blanc, — et quand on les
laissait libres dans la cour, après le pan-
sage, elles jouaient ensemble comme des
chiens ou des enfants. Si l'une sortait,
l'autre qui restait à la maison semblait
triste, donnait des signes d'ennui, et, lorsque du plus loin elle entendait sonner sur

le pavé les pas de sa camarade, elle poussait comme une fanfare un hennissement
de joie auquel l'amie, en approchant, ne
manquait pas de répondre.

Elles se présentaient au harnais avec une
docilité étonnante, et allaient se ranger
d'elles-mêmes près du timon à la place assi-
gnée. Comme tous les animaux qu'on aime
et qu'on traite bien, Jane et la Blanche
devinrent bientôt de la familiarité la plus
confiante ; elles nous suivaient sans laisse
comme le chien le mieux dressé, et, quand
nous nous arrêtions, mettaient, pour se faire
caresser, le museau sur notre épaule. Jane
aimait le pain, la Blanche le sucre, toutes
deux à la folie les écorces de melon ; et,
pour ces friandises, il n'est pas de tours
qu'on n'en eût obtenus.

Si l'homme n'était pas odieusement féroce
et brutal, comme il l'est trop souvent envers
les bêtes, comme elles se rallieraient de bon
cœur à lui ! Cet être qui pense, parle et fait
des actions dont le sens leur échappe, occupe

leur pensée obscure ; c'est pour elles un étonnement et un mystère. Souvent elles vous regardent avec des yeux pleins d'interrogations auxquelles on ne peut répondre, car on n'a pas encore trouvé la clef de leur langage. Elles en ont un pourtant qui leur sert à échanger, au moyen de quelques intonations que nous n'avons pas notées, des idées très sommaires, sans doute, mais enfin des idées telles que peuvent les concevoir des animaux dans leur sphère de sentiment et d'action. Moins stupides que nous, les bêtes parviennent à comprendre quelques mots de notre idiome, mais pas en assez grand nombre pour causer avec nous. Ces mots se rapportent d'ailleurs à ce que nous exigeons d'elles, et l'entretien serait court. Mais que les animaux se parlent, cela est indubitable pour quiconque a vécu un peu familièrement avec des chiens ou chats, des chevaux ou toute autre bête.

Par exemple, Jane était naturellement intrépide, ne reculait devant aucun obstacle

et ne s'effrayait de rien ; après quelques
mois de cohabitation avec la Blanche, elle
changea de caractère et manifesta quelquefois des peurs soudaînes et inexplicables.
Sa compagne, beaucoup moins brave, lui
racontait, la nuit, des histoires de revenants.
Souvent, traversant aux heures sombres le
bois de Boulogne, la Blanche s'arrêtait brusquement ou faisait un écart, comme si un
fantôme, invisible pour nous, se dressait
devant elle. Tous ses membres tremblaient,
sa respiration devenait bruyante, son corps
se couvrait instantanément de sueur ; elle
s'acculait sur ses jarrets si on voulait, avec
le fouet, la déterminer à se porter en avant.
L'effort de Jane, si vigoureuse pourtant, ne
pouvait l'entraîner. Il fallait descendre, lui
couvrir les yeux et la conduire à la main
pendant quelques pas jusqu'à ce que la vision
fût évanouie. Jane finit par se laisser gagner
à ces terreurs, dont la Blanche, rentrée à
l'écurie, lui révélait sans doute les motifs ;
et nous-mêmes, avouons-le franchement,

26.

lorsqu'au milieu d'une allée déchiquetée de clair et d'ombre par la lueur fantastique de la lune, la Blanche, s'arc-boutant soudain sur ses quatre pieds comme si un spectre lui eût sauté à la bride, refusait de passer outre avec une obstination invincible, elle, si docile d'ordinaire qu'il eût suffi du fouet de la reine Mab, fait d'un os de grillon, ayant pour corde un fil de la Vierge, pour lui faire prendre le galop, nous ne pouvions nous empêcher de sentir un léger frisson nous courir sur le dos, et de fouiller l'ombre d'un regard assez inquiet, trouvant parfois l'air spectral d'un Caprice de Goya à d'innocentes silhouettes de bouleau et de hêtre.

Notre plaisir était de conduire nous-même ces charmantes bêtes, et la plus intime intelligence ne tarda pas à s'établir entre nous. Si nous tenions les guides en main, c'était par contenance pure. Le plus léger clapement de langue suffisait à les diriger, à leur faire prendre la droite ou la gauche, à leur faire accélérer le pas, à les

arrêter. Bientôt elles connurent toutes nos
habitudes. Elles allaient d'elles-mêmes au
journal, à l'imprimerie, chez les éditeurs,
au bois de Boulogne, dans les maisons où
nous dînions à certains jours de la semaine,
avec tant d'exactitude qu'elles finissaient
par être compromettantes. Elles auraient
donné les adresses de nos visites les plus
mystérieuses. Quand il nous arrivait d'oublier l'heure, dans quelque conversation
intéressante ou tendre, elles nous la rappe-
laient en hennissant et en frappant du pied
devant le balcon.

Malgré le plaisir de courir la ville en
phaéton avec nos petites amies, nous ne
pouvions nous empêcher de trouver parfois
la bise aigre et la pluie froide, quand vin-
rent ces mois si bien caractérisés sur le
calendrier républicain : brumaire, frimaire,
pluviôse, ventôse et nivôse; et nous achetâmes un petit coupé bleu, doublé de reps
blanc, que l'on compara à l'équipage du nain
célèbre à cette époque, injure qui nous fut

peu sensible. Un coupé brun, capitonné de
grenat, succéda au coupé bleu, et fut lui-
même remplacé par un coupé œil-de-corbeau
tapissé de bleu foncé, car nous roulâmes
carrosse, nous pauvre feuilletoniste n'ayant
aucune rente sur le grand-livre et n'ayant
pas fait le moindre héritage, pendant cinq
ou six ans; et nos ponies, pour se nourrir
de littérature, avoir des substantifs pour
avoine, des adjectifs pour foin et des adver-
bes pour paille, n'en étaient pas moins gras
et rebondis; mais, hélas! vint, on ne sait
trop pourquoi, la révolution de Février;
beaucoup de pavés furent déplacés dans un
but patriotique, et la ville devint peu pra-
ticable pour les chevaux et les voitures ;
nous aurions bien escaladé les barricades
avec nos agiles ponies et leur léger équipage, mais nous n'avions plus crédit que
chez le rôtisseur. Nous ne pouvions nourrir
nos chevaux avec des poulets rôtis. L'horizon était assombri de gros nuages noirs,
traversés de lueurs rouges. L'argent avait

peur et so cachait ; *la Presse*, où nous écrivions, était suspendue ; et nous fûmes bien
heureux de trouver quelqu'un qui voulût
acheter bêtes, harnais et voitures, pour le
quart de ce qu'ils valaient. Ce fut pour nous
un amer chagrin, et nous ne jurerions pas
que quelques larmes n'aient roulé de nos
yeux sur les crinières de Jane et la Blanche
lorsqu'on les emmena. Parfois elles passaient
avec leur nouveau propriétaire devant leur
ancienne maison. Nous entendions de loin
résonner leur pas vif et rapide ; et toujours,
un brusque arrêt sous nos fenêtres nous té-
moignait qu'elles n'avaient pas oublié le
logis où elles avaient été si aimées et si
bien soignées ; et un soupir s'exhalait de
notre poitrine émue et sympathique, et nous
disions : « Pauvre Jane, pauvre Blanche,
sont-elles heureuses ? »

Dans l'écroulement de notre mince fortune,
c'est la seule perte qui nous ait été sensible.

TABLE

———

Imprimerie de l'Ouest, A. NÉZAN, Mayenne.

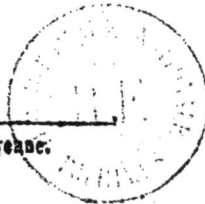

www.ingramcontent.com/pod-product-compliance
Lightning Source LLC
Chambersburg PA
CBHW050506270326
41927CB00009B/1924